続・北海道おいしいそばの店

梅村敦子

北海道新聞社

続・北海道 おいしいそばの店　目次

はじめに …… 6
北海道全体図 …… 8
札幌市内図 …… 10

札幌市内

中央区
八天庵本店 …… 12
東家本店・東家寿楽東急店・東家寿楽 …… 14
花蕎 …… 17
鹿林 …… 18
たいせつ …… 19
だるま軒 …… 20
ぬさまい …… 21
円山 …… 22
相生坊 …… 23
八雲町ダイニング …… 24
ルチン …… 25
大番　テレビ塔店 …… 26

豊平区
丞 …… 28
えぞ一 …… 29
大草 …… 30
昌の屋 …… 31

北区
四季 …… 32
北堂 …… 33
松盛庵 …… 34
なみ喜本店 …… 35

東区
きよ福 …… 36

白石区
蕎傳 …… 37
はな月 …… 38

南区　ゆう賀……39
扇谷……40
盛朗庵……41
西区　花月……42
五衛門……43
翠明庵……44
手稲区　ささ川……45
取材こぼれ話……46

道央・道南

石狩　そば舎……48
小樽　こびやま……49
南樽砂場……50
北勝庵……51
江別　雪月花……52
わか竹……53
北広島　松乃家総本店……54
恵庭　魚峰庵……55
思君楼……56
千歳　いずみ……57
岩見沢　希林……58
福松……59
芦別　ひる川……60
美唄　まつき……61
倶知安　羊蹄山……62
京極　一心庵……63
白老　やま田……64
洞爺湖　そばらぼ……65
苫小牧　蕎麦花……66
室蘭　稲嘉屋……67
縁……68
伊達　きのこ王国大滝本店……69
日高　いずみ食堂……70
そば太郎……72
安平　真……73

厚真　かね中　中島食堂……74
平取　藤……76
新ひだか　春風……78
函館　M's style……79
　　　喜の家……80
北斗　はぎ乃……81
取材こぼれ話……82

道東・オホーツク

帯広　久呂無木……84
　　　匠……85
　　　丸福……86
幕別　こんぴら……87
芽室　紀山……88
　　　大正(笑)庵……89
清水　農志塾……90
新得　せきぐち……91
池田　そば屋……92
足寄　味の両國……93
遠軽　奏……94
北見　風花亭……95
佐呂間　ほん多屋……96
鶴居　たまゆら……97
釧路　かまくら……98
　　　弐八庵……99
弟子屈　摩周……100
　　　両國……101
取材こぼれ話……102

道北

旭川　蕎楽　はらいそ……104
　　　じゃずそば放哉……105
　　　八朔……106
　　　穂の香……107

富良野　そば春　108
幌加内　雪月花　109
愛別　粋人館　110
和寒　峠そば　111
小平　からくれ　112

駅そば・立ち食いそば

札幌　弁菜亭　札幌駅立売商会　114
はまなす　115
Cafe' de MAX　115
ひのでそば　116
室蘭　松そば　117
新ひだか　にしや（西谷弁当店）　118
深川　Pad Village　118
留萌　留萌駅立喰そば　119
幌加内　きたむら　119
旭川　天勇　120
稚内　ふじ田　121
雄武　いっぷく家　121
新得　せきぐち　122
帯広　結　ＹＵＩ　122
取材こぼれ話　123
そば店で見つけたお土産いろいろ　124
北海道のそば祭り　125
そば店・食べ歩き帖　126
ソバ用語・そば言葉　131
おわりに　134

はじめに

２０１８年8月に発刊した「北海道おいしいそばの店」の第2弾が出来上がりました。第1弾では紹介できなかった一般のそば店90軒に加え、立ち食いそばの店も14軒、合わせて１０４軒を紹介しています。

「続・北海道おいしいそばの店」では、店主のこだわりが強い手打ちそばの店から大衆的なそば店までを幅広く取り上げました。さらに、北海道のそば業界を長く支える老舗も紹介しています。立ち食いそば店も含め、全て筆者が現地を訪れ、そばを食べて書き上げた店です。自信をもって、お届けします。

北海道の各地で生産されているソバは9月から10月にかけて収穫期を迎えます。本書を片手に各店の新そばを味わってみてください。そして、そば店の皆様も本書を通じて、新しいお客様との出会いがありますように。

■本書の見方と注意点

本書の内容は２０１９年11月現在の情報です。営業時間や料金、メニューは変わることがありますので、ご了承ください。

■そばについて

手ごね、手延べ、手切りのそばは「**手打ち**」、一部に製麺機を使っているそばは「**自家製麺・製麺**」として区別しています。

■営業時間

手打ちそば店では「**売れ切れ次第、閉店**」の場合がほとんどです。閉店時間間近に来店される場合は電話での確認をお勧めします。

■お品書き

写真で紹介しているメニュー以外はメニューの一部です。そば店での飲食は税率10%ですが、店によって、税込み、税別の表示が違いますので、店舗でご確認ください。

■地図

地図はあくまでも略図です。公共の交通機関で行かれる場合はお店に行き方をお聞きください。

25 旭川　蕎楽　はらいそ … P104
じゃずそば放哉 … P105
八朔 … P106
穂の香 … P107
天勇 … P120

26 富良野　そば春 … P108

27 幌加内　雪月花 … P109
きたむら … P119

28 愛別　粋人館 … P110

29 和寒　峠そば … P111

30 小平　からくれ … P112

31 留萌　留萌駅立喰そば … P119

32 稚内　ふじ田 … P121

33 帯広　久呂無木 … P84
匠 … P85
丸福 … P86
結　ＹＵＩ … P122

34 幕別　こんぴら … P87

35 芽室　紀山 … P88
大正（笑）庵 … P89

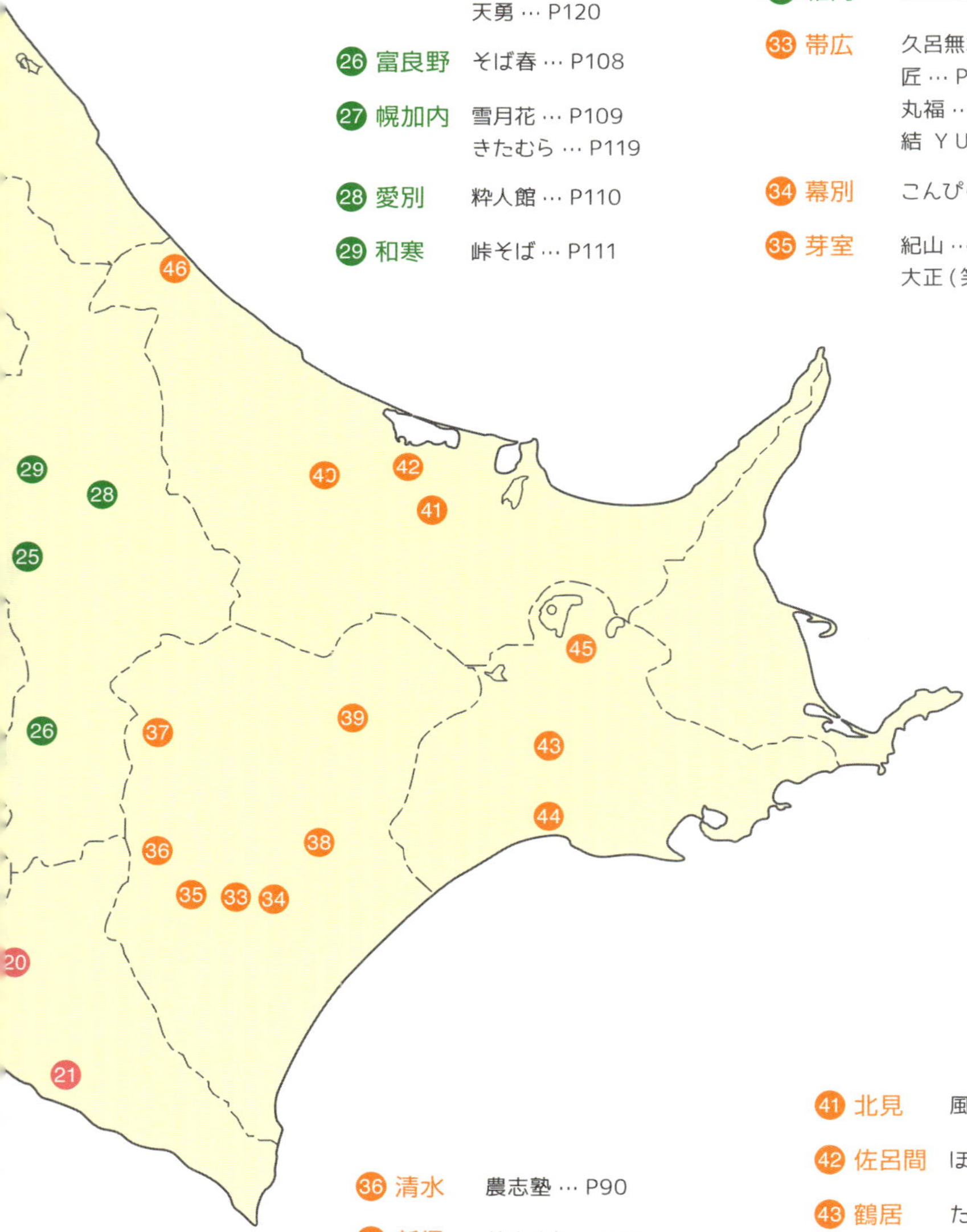

36 清水　農志塾 … P90

37 新得　せきぐち … P91
せきぐち（駅そば）… P122

38 池田　そば屋 … P92

39 足寄　味の両國 … P93

40 遠軽　奏 … P94

41 北見　風花亭 … P95

42 佐呂間　ほん多屋 … P96

43 鶴居　たまゆら … P97

44 釧路　かまくら … P98
弐八庵 … P99

45 弟子屈　摩周 … P100
両國 … P101

46 雄武　いっぷく家 … P121

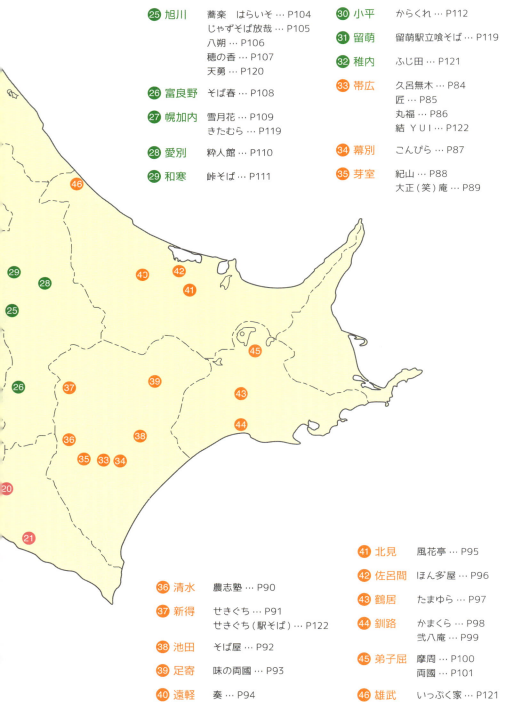

1 石狩 そば舎 … P48

2 小樽 こびやま … P49
南樽砂場 … P50
北勝庵 … P51

3 江別 雪月花 … P52
わか竹 … P53

4 北広島 松乃家総本店 … P54

5 恵庭 魚峰庵 … P55
思君楼 … P56

6 千歳 いずみ … P57

7 岩見沢 希林 … P58
福松 … P59

8 芦別 ひる川 … P60

9 美唄 まつき … P61

10 倶知安 羊蹄山 … P62

11 京極 一心庵 … P63

12 白老 やま田 … P64

13 洞爺湖 そばらぼ … P65

14 苫小牧 蕎麦花 … P66

15 室蘭 稲嘉屋 … P67
縁 … P68
松そば … P117

16 伊達 きのこ王国大滝本店 … P69

17 日高 いずみ食堂 … P70
そば太郎 … P72

18 安平 真 … P73

19 厚真 かね中 中島食堂 … P74

20 平取 藤 … P76

21 新ひだか 春風 … P78
にしや（西谷弁当店）… P118

22 函館 M's style … P79
喜の家 … P80

23 北斗 はぎ乃 … P81

24 深川 Pad Village … P118

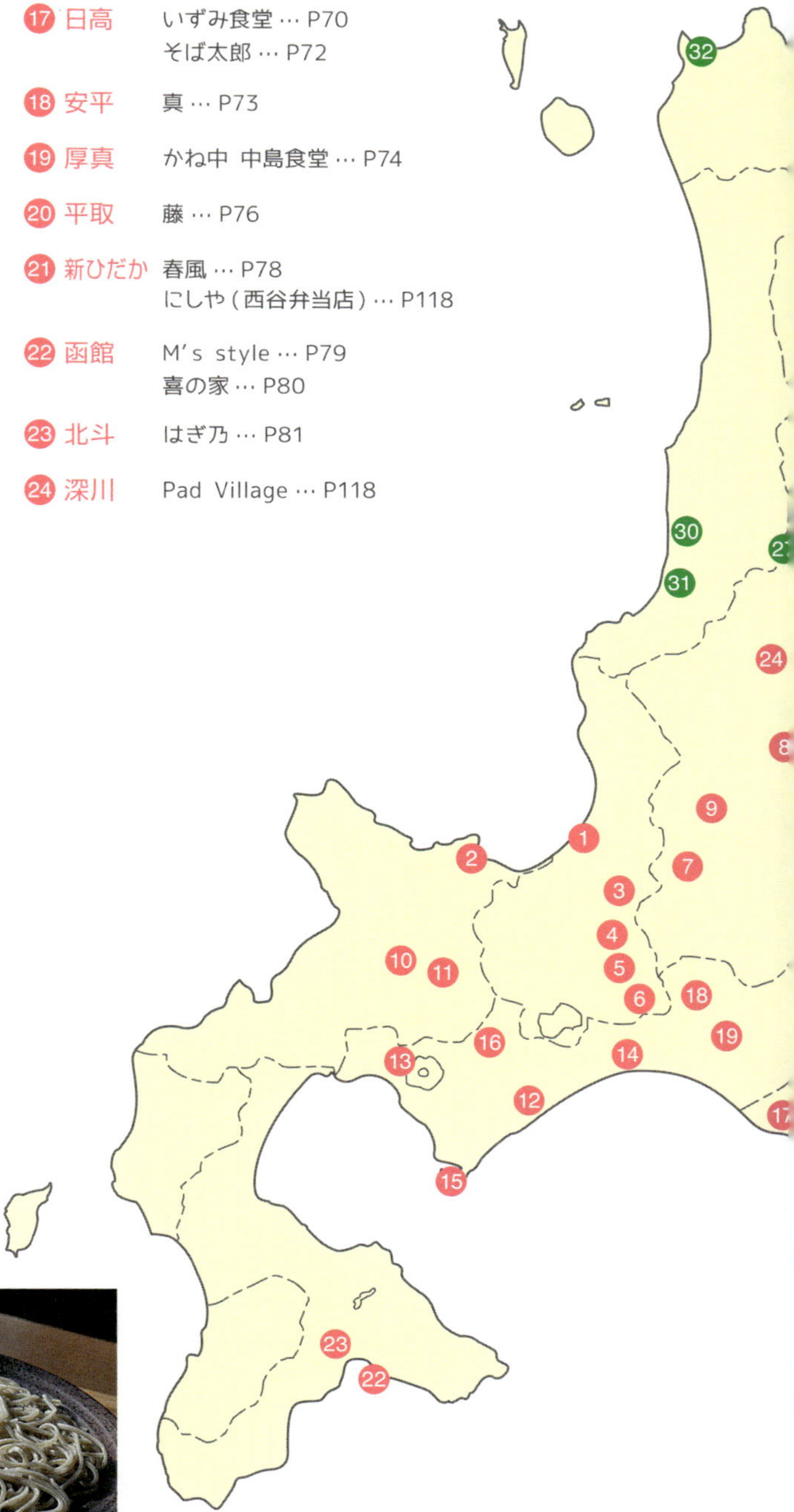

札幌市内

手稲区

ささ川 … P45

西区

花月 … P42
五衛門 … P43
翠明庵 … P44

中央区

八天庵本店 … P12
東家本店・東家寿楽東急店・東家寿楽 … P14
花蕎 … P17
鹿林 … P18
たいせつ … P19
だるま軒 … P20
ぬさまい … P21
円山 … P22
相生坊 … P23
八雲町ダイニング … P24
ルチン … P25
大番 テレビ塔店 … P26
はまなす … P115
カフェドマックス … P115
ひのでそば … P116

北区

四季 … P32
北堂 … P33
松盛庵 … P34
なみ喜本店 … P35
弁菜亭 札幌駅立売商会 … P114

東区

きよ福 … P36

南区

扇谷 … P40
盛朗庵 … P41

白石区

蕎傳 … P37
はな月 … P38
ゆう賀 … P39

豊平区

丞 … P28
えぞー … P29
大草 … P30
昌の屋 … P31

札幌市内

にしんそば本舗

八天庵本店《はってんあんほんてん》

四代目へと受け継がれる伝統の味と月例そば会

一夜干しのニシンを伝統のたれで

ふたを開けると、色つや良く横たわる大ぶりのニシンの甘露煮。立ち上るだしの香りにまず、つゆをひと口、すすってみる。甘露煮は箸でほろりと崩れるものの、ニシンのうま味もしっかりと残し、1枚の大葉がさわやかな後味を演出している。そばは摩周そばの挽きぐるみを使った二八の自家製麺。とろろを添えるようになったのは客の要望だったそうだ。

商標登録も済ませた「八天庵」のニシンそばは、1949年の暮れ、開業したばかりの店に特徴を持たせようと、初代の村田義雄氏が京都のニシンそばをヒントに考案した。京都の老舗が身欠きニシンを使うのに対し、義雄氏が選んだのは留萌産の一夜干し。その製法は今も変わらず、水炊きに8時間、代々受け継がれているしょうゆとザラメのたれで8時間、じっくりと煮含める。先代から唯一、変わったのが水炊きの際、ニシンを包み込むように使う昆布。義雄氏の次男で三代目の仁さんは、「女房の実家の南茅部から送られてくる昆布のおかげで、さらに味はよくなった」と胸を張る。

初代義雄氏は空知管内旧三笠町で小学校教諭などを務めた後、小樽に転居。書画骨董に精通し、あの竹鶴

行啓通に面した「八天庵本店」

三代目の村田仁さん（左）と長男の尚計さん

政孝氏とも交流があったそうで、「骨董品とウイスキーを物々交換していたこともあったようです」と仁さんは懐かしむ。そば店開業は

ニシンそば

終戦から4年後の混乱期だったが、札幌近郊や、親せきのいた三笠からそば粉をかき集め、北1条西4丁目でのれんを揚げた。つゆは全国を包丁1本で渡り歩く職人から基礎を学んだ関東風。職人が2人がかりでそば粉をこね、1日1000本の天ぷらを仕込むほど、大いに繁盛したそうだ。その後、義雄氏は5階建てのビルの新築を手掛け、71年のさっぽろ地下街オープン時にはポールタウンに店を移している。

そば会300回を目指して

義雄氏から長男の中《かなめ》氏、そして、三代目の仁さんへと受け継がれたのれんは紆余曲折を経て、やがて現在地へと落ち着く。そして、96年4月に始まったのが、毎月最終木曜に開催している月例そば会。これまで一度も途切れたことがなく、この日は仁さんの妻裕子さんがそば粉やそばの実を取り入れた料理を作り、仁さんが手打ちそばを振る舞う。2021年には300回目を迎えるそば会は仁さん、裕子さん夫妻と常連客の太い絆であり、創業以来、継ぎ足し続けてきたかえしとニシンの甘露煮とともに、四代目の長男尚計《なおかず》さんへも引き継がれていくことだろう。

月例そば会で振る舞われた二八そば

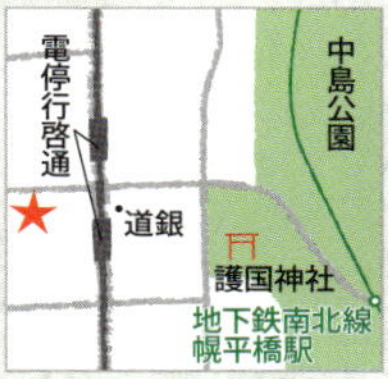

住 札幌市中央区南14条西7丁目3-36
電 011-552-2828
営 11:30～17:00
休 水曜
席 26(禁煙)
駐 5台

せいろ・かけ	各650円
鴨せいろ	1200円
ニシンそば(温・冷)	各1350円
大エビ天ぷらそば	1500円
※そば会	会費3000円(要予約)

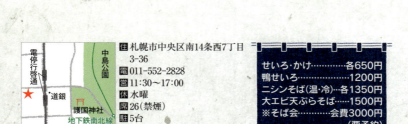

そば処

東家本店・東家寿楽 東急店・東家寿楽

兄弟一族が守り続ける 伝統のそばとのれん

かき揚げそば（東家本店）

「いとういち」の屋号

釧路と札幌を中心に道内各地でのれんを見掛けるそば処「東家」。のれんを見ると、井桁の中に東の字だけのものと、その下に「一」の字を入れたものがある。初代伊藤文平が1874年（明治7年）に小樽で創業し、釧路で発展を遂げた「東家」は現在、「竹老園　東家総本店」として歴史を刻み、伊藤家の親せきや職人が井桁に東で「いとう」と読むのれんを掲げている。

一方、札幌には「一」の字が付いた「東家」がある。この屋号の読み方は「いとういち」。創業地は中央区南4条西1丁目にある現在の「東家本店」。店主の佐藤公二男さんは、「札幌でそば屋を始める時、釧路の本家との違いがわかるように『一』の字を入れたそうです。『一』を考えたのは祖母で、佐藤家一族が協力して、本家に恥をかかせない仕事をするという思いを込めたと聞いています」と話す。

「いとういち」ののれんがかかる「東家本店」

「竹老園　東家総本店」は初代伊藤文平から竹次郎へと代替わりをし、竹次郎は新潟出身の佐藤リツと夫婦となった。嗣子《しし》に恵まれなかった2人はリツのおい徳治を養子に迎え、

■東家本店
住 札幌市中央区南4条西1丁目6-1
電 011-231-4572
営 11:30～21:30　休 水曜
席 45　駐 なし
■東家丸井今井店
住 札幌市中央区南1条西2丁目丸井今井札幌本店一条館 B1
電 011-205-1511

もり・かけ	各625円
かき揚げそば	985円
天ざる	1360円
玉子焼き	455円

※各税別

季節の天せいろそばセット
(東家寿楽東急店)

徳治はリツのめいチヨと結婚。さらにリツは自身の兄弟も釧路に呼び寄せ、そば店の開業を後押しした。その中の一人が後に札幌「東家」の創業者となる佐藤孫次郎。和菓子や和食の経験を見込まれ、釧路での修業後、1919年(大正8年)に釧路市春採のはずれで「東家山の上分店(後に弥生町分店に改称)」を開業する。つまり札幌「東家」は2019年に創業100年を迎えたことになる。

千葉の網元の娘たけと夫婦となった孫次郎は長男正義、次男道博、三男博行、四男重明と長女を授かり、釧路で隆盛を極めていく。しかし、時代は太平洋戦争へ。行政からのお達しで店をたたみ、43年(昭和18年)に一家で移り住んだのが札幌の西区福井辺りだった。

四代目が受け継ぐのれん

農業で生計を立て、戦後を迎えた孫次郎と正義は49年に札幌での「東家」開業を決意する。この時、屋号に決めたのが「いとういち」。そして、正義が儲けた7人の子供のうち、幼児期に他界した長男、三女を除く5人(男子3人、女子2人)全員がそばを生業とする人生を歩んでいく。「東家本店」は正義の次男公二男さんが受け継ぎ、自身の次男洋輔さんは丸井今井店でそばを打つ。孫次郎が隠居所に選んだ円山の住宅地に「東家

左から佐藤公二男さんと長男洋輔さん、佐藤友信さん、佐藤元治さんと長男比左夫さん

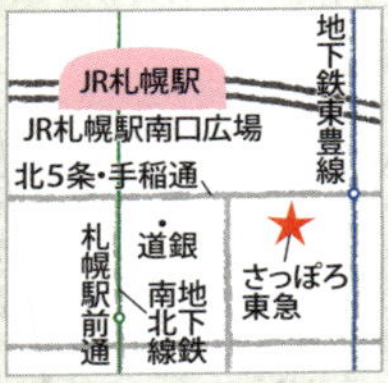

■東家寿楽　東急店
住 札幌市中央区北4条西2丁目1
さっぽろ東急百貨店10F
電 011-212-7118
営 11:00～21:30LO
休 東急百貨店休業日　席 52(禁煙)
駐 東急駐車場2000円以上利用で2時間無料。18時以降は無料

せいろ・かけ…………各748円
鴨せいろ………………1320円
季節の天せいろそばセット
(月替わり)……………1485円

割り子そば（東家寿楽）

寿楽」を開いた正義は四男元治さんを後継に据え、99年には現店舗を新築。73年のさっぽろ東急百貨店の開業に伴い、テナントとして出店することになった「東家寿楽」は三男友信さんが店主となった。また、正義の弟道博は南6条店（中央区南6西7）、博行は南19条店（中央区南19西7）を開くなど、佐藤家はまさにそば一族となったのである。

正義の三人の息子がそれぞれ一国一城のあるじとして、のれんに恥じない仕事に励みながら、各店が異なる個性を持っていることも興味深い。共通するのは「東家」の伝統である更科そばやそば寿司だが、公二男さんはススキノに近い立地から落語や芸妓など日本の伝統芸能も含む庶民のそば文化に傾倒。「東家寿楽東急店」は友信さんの長男が時代のニーズを取り入れた百貨店独自の店づくりを手掛け、元治さんは皇族も迎える格式ある店を長男の比左夫さんへと引き継いでいる。

もしも、釧路で「東家」が創業していなかったら、そして、札幌に「東家」がなかったら、北海道のそば店の歴史は全く違うものになっていただろう。

「おいしい蕎麦は飽きることを知らない。日本伝統の美食である」。これは、「東家寿楽」の箸袋にも書かれている言葉だが、元治さんは、「そば屋はやめることはあっても、潰れることはないと、常々父が言っていました。こうしてのれんを守ってこられたのも、釧路総本店や先代のおかげです」と姿勢を正す。そして、公二男さんは、「継続は信用」と教えられた先代の言葉を胸に兄弟一族で北海道屈指のそば処の歴史を守っている。

「東家寿楽」に残されているかつてのお品書き

■東家寿楽
住 札幌市中央区北2条西27丁目1-1
電 011-611-8659
営 11:00〜21:00
休 水曜（祝日は営業し、翌木曜休み）
席 100（有料個室３室以外は禁煙）
駐 23台
HP http://www.adumayajuraku.com

セイロ・かけ	各750円
御膳生粉打ちそば	1250円
そば寿司	1100円
割り子そば	2600円

※各税別

海老天ざる

そば処

花蕎《かきょう》

札幌市中央区

甘みが広がる手打ちの更科そば

柔らかな歯ごたえのエビが2尾にイカや季節の野菜、紅ショウガの天ぷらが華やかな海老天ざる。天ぷらを仕上げ、薬味やつゆを用意すると、店主の菊池充さんは素早くそばをゆで、ざるの器に盛り付けていく。この間、数十秒。しっかりと水切りされた二八の更科そばは素早く、たぐって、すすりたい。

「自分で店を持つため、選んだのがそばだった」という菊池さん。求人をしていた北区の「松盛庵」で約2年半修業をし、手打ちの技術も身に付けて、独立したのが2009年。「モンゴル産の更科粉が自分の打ち方に一番合っていた」そうで、微妙な水加減と練りで更科粉ならではの甘みを引き出す。1カ月寝かせた本がえしに本枯れ節とカビ付きの宗田節でのだしを合わせたもり汁は、食べ進むうちにそばの甘みが溶け出し、残った本ワサビを溶いてそば湯を注ぐと、上品な甘さが口の中に広がった。

カウンターがメインの店内は菊池さんが調理も接客も1人でこなしている。調理風景を見ながら、そばを待つのも楽しい。

店主の菊池充さん

住 札幌市中央区南7条西13丁目2-1
電 011-513-8115
営 11:30〜14:30、17:30〜20:30
休 木曜
席 14(禁煙)
駐 なし

ざる・かけ	各700円
つけかき卵	850円
鴨南蛮	1100円
海老天ざる	1500円
替えざる	450円

天丼セット（せいろ小）

そば処

鹿林《かりん》

札幌市中央区

二八そばにセットものや天ぷらも充実

藻岩山のすそ野を走る福住・桑園通で、森を背にして立つ「鹿林」の創業は1972年。札幌芸術の森近くに建てた合掌造りのレストランから始まり、その後、現在地の通り沿いに移転。水車のある民芸調のそば処としてにぎわい、2007年に今の場所に落ち着いた。ガラスケースに並ぶ団子などの和菓子は岩手県から仕入れたものだが、これは店主の松谷誠一朗さんの祖父が和菓子職人だったことに由来している。

そばは二八の自家製麺。市内の2カ所の製粉所から道産の挽きぐるみのそば粉を仕入れ、松谷さん自ら手ごねをして、製麺機で仕上げていく。限定で十割そばもあり、とにかくメニュー数が豊富。上質なごま油を使った天ぷら目当ての客も多く、天丼やカツ丼、カレーなどのご飯ものとそばのセットに注文が集まる。昼時やお盆などの繁忙期には行列ができることもしばしばで、手際よく注文をこなしていくのは松谷さんやベテランの職人たち。「こだわり過ぎないのがいい」と控えめな松谷さんだが、まもなく50年になる歴史が人気の証明であることは間違いない。

和菓子やそば茶なども販売

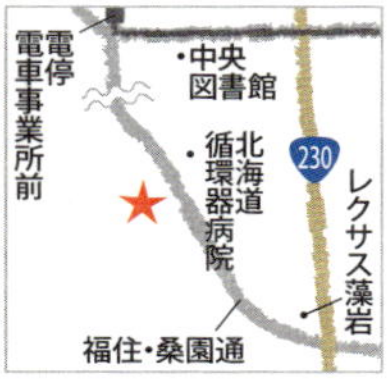

住 札幌市中央区南27条西14丁目1-8
電 011-513-2151
営 11:00～20:00LO、木曜は～15:00
休 不定休
席 37(禁煙)
駐 11台

もり・かけ……………各540円
えび天ざる……………1020円
天丼セット(小のそば付き)
……………………………1050円
十割そば………………140円増
※各税別

合盛りそば

手打ち蕎麦
蕎麦屋

たいせつ

札幌市中央区

気さくな脱サラ店主の手打ちそば

靴を脱いで上がる店内は畳敷きの小上がりで、男性客や家族連れがのんびりとそばを囲んでいる。店主の木村佳久さんは客とも気さくに会話をしながら調理に励み、妻の香史さんは接客に忙しい。最初に運ばれてきたのは寿司店で出される粉茶。外壁に「鮨処大節」とあるように元は香史さんの父、清節さんが営んでいた寿司店で、菓子メーカーを脱サラし、製粉会社から手打ちそばの手ほどきを受けた佳久さんが「たいせつ」の看板を掲げた。道産の並み粉で打つ細切りの二八をメインに挽きぐるみの田舎も数量限定で打っている。

弁当や焼き魚定食といったメニューもあり、「価格を抑え、手打ちそばを食べたことがない人の登竜門的店に」と佳久さん。お笑いや音楽のライブを開くこともあり、月1回の落語会も評判。徐々に増えている常連客はフェイスブックからの広がりが多いそうだ。甘めのつゆが親しみやすく、木村さん夫妻の人柄を表しているようだった。

店主の木村佳久さん

住 札幌市中央区南5条西8丁目6-12
電 011-511-8307
営 11:30～14:00、夜は宴会のみ(要予約)
休 日・祝日
席 24
駐 2台
HP https://sobataisetu.jimdo.com/

もり・かけ(細切り)	各500円
合盛りそば	650円
鴨せいろ	950円
特選たいせつ弁当	550円

※田舎(数量限定)は各100円増し

冷やしいか天

そば処

だるま軒《だるまけん》

札幌市中央区

老舗食堂の風情で味わう庶民のそば

「蕎麦」の小さなあんどんに、いかにも老舗の店構え。店主の髙崎雄司さんの父、故利男さんが1947年に始めた食堂が前身で、現在地での営業は65年から。2004年にいったんのれんを下ろしたが、4年後にそば店として再開したのは、雄司さんがかつて、東京のそば店で働いた経験を生かしてのことだった。

毎日顔を出すような常連客も多いのは良心的な価格と食べやすさ、雄司さんの妻寛子さんや妹さん、いとこも手伝う家族経営ならではの手際の良さにある。メインのそばは輸入の並み粉の自家製麺で、もりもり、わさわさ、箸が進む。それを支えるのがすっきりとしたやや辛口のつゆ。「東京で覚えた味をアレンジした」というつゆは雄司さんのそばと相性がよく、天ぷらの味も引き立てる。刺し身用のイカにちくわやパセリの天ぷらが載った「冷やしいか天そば」が名物の一つで、丼ものとのセットメニューも豊富。食堂からそば店に変わっても、「だるま軒」が庶民の味方であることはこれからも変わらないだろう。

店主の髙崎雄司さん

住 札幌市中央区北6条西24丁目1-18
電 011-642-6854
営 10:30〜15:00
休 日・祝日
席 1階17(禁煙)+2階17
駐 10台

もり・かけ	各500円
冷やしいか天	700円
カレー南	700円
野菜天ざる	800円
小天丼セット(もりまたはかけ)	850円

えび天丼そばセット

そば処

ぬさまい

札幌市中央区

釧路から続く、だしを効かせたつゆの味

昼時にはスーツ姿の男性客で見る見るうちに席が埋まり、天丼やカツ丼とそばのセットに注文が集まる。厨房では店主の出村光一さんがそばをゆで、妻の三千代さんは揚げ物の油の前から離れられない。

獣医師だった三千代さんの父親が1976年に釧路で開業し、80年に札幌へ。更科粉と並み粉を半々でブレンドし、手で練り上げてから、製麺機で仕上げるそばはつなぎ三割で、喉越しがいい。亀節と宗田節を一時間ほど水に漬け、表面の皮膜を取ってから削るだしは雑味がなく、うま味だけが際立つ。かえしは、継ぎ足し続ける生がえしで、「だしが効き過ぎているって言われるけど、効いてないよりいいでしょう」と三千代さんはにっこり。そばつゆを生かした丼ものからもだしの風味が立ち上る。

表看板は漢字だが、「読めないお客さんが多いから」と、今は平仮名を使っている。入り口の小さな橋は釧路から出てきた時にあつらえたまま。文句なしの老舗だが、敷居は低く、出村さん夫妻の真面目さがそばにも表れている。

店主の出村光一さん

住 札幌市中央区南2条西13丁目319-13 パシフィック南2条マンション1F
電 011-271-1787
営 11:00～19:00（土曜～15:00）
休 日・祝日
席 24
駐 2台

もり・かけ	各600円
冷やしたぬき	750円
えび天南	1100円
かつ丼そばセット	950円
えび天丼そばセット	1000円

かき揚げせいろ

味の巣

円山《まるやま》

札幌市中央区

狸小路から歴史をつなぐそばと定食

地下鉄東西線円山公園駅から円山公園へと向かう交差点角の一等地。入り口にはそばと定食ののぼりが立つ。そば専門店ではないものの、前身は1962年に狸小路で創業した「そば幸」。幾度かの移転、休業を経て、この地に落ち着いた。13年ほど前からは現在、店長を務める工藤英渡《ひでと》さんがそば打ちの技術を習得し、手打ちの二八そばと製麺機で作る山そば（田舎）を提供している。

価格を抑えるために選んだそば粉はモンゴル産。薄く伸ばして、針のように細く仕上げたそばはわずか15秒でゆで上がる。工藤さんは、「手切りといっても、麺切り台を使っているので」と謙遜するが、ふわりと軽やかな細麺は喉越しもさわやか。つゆは薄色のしょうゆや水あめを隠し味に使った本がえしに本節やサバ節、根昆布など、うま味たっぷりのだしを合わせている。「普段は定食の注文が多いですが、花見や初詣の時季はおそばの注文が増えますね」と工藤さん。円山公園の散策帰りに立ち寄りたい。

店長の工藤英渡さん

住 札幌市中央区大通西28丁目1-2
円山公園ビル1F
電 011-642-9638
営 11:00～20:30LO
（土曜～16:30LO、祝日～14:30LO）
休 日曜
席 50
駐 4台

もり・かけ……………各600円
かき揚げせいろ………1200円
納豆おろし……………900円
日替わり定食…………800円
（プラス100円でみそ汁を山そばに変更）

天せいろ

手打蕎麦

相生坊《あいおいぼう》

札幌市中央区

夫婦が醸す上質なそばの時間

　店主の中村正隆さんが道産のそば粉で打つ外二のそばはハリがありながら、ふわりと軽やか。鴨か天ぷらか、迷って選んだ天せいろには、天ぷら専門店で珍重される活車エビが付いている。水槽に入った車エビは才巻《さいまき》と呼ばれる小ぶりの上級品。正隆さんの妻、美智枝さんが、「エビの頭の食べ方はわかりますか」と声をかけてくれる。パウダー状の塩でエビを味わい、つゆを少しだけ付けてそばをすすると、この上ない幸福感に包まれる。

　独学だったそばの技術を「一茶庵」の片倉英晴氏の指導でさらに高め、開店から30年近くになろうとする今でも、「納得いくそばが打てるのは年に1、2回。あと5回ぐらい、会心のそばが打ちたいですね」という正隆さんは1944年（昭和19年）の早生まれ。92年の開店から30周年も見えてきたが、「まだやってみたいことがある」と貪欲にそばと向き合う。木立に覆われた閑静な住宅街の隠れ家のようなそば店は迷ってでも行くだけの価値がある。

店主の中村正隆さん

住 札幌市中央区宮の森2条15丁目7-15
電 011-615-1011
営 11:00～19:00
休 木曜
席 22(禁煙)
駐 2台

せいろ・かけ	各800円
鴨せいろ	1400円
天せいろ	2200円
たまごとじ	1100円
だし巻たまご(14時以降)	800円

黒毛和牛ステーキ丼そばセット（ランチ）

八雲町ダイニング《やくもちょうダイニング》

札幌市中央区

和食職人が腕をふるう八雲和牛と手打ちそば

　店名からは想像できないが、昼はそば、夜は和食のコースや一品料理を提供する和食店。さらに、昼はステーキ丼とそばのセット、夜はステーキやすき焼きなどのコースで提供している黒毛和牛は店主の阿部靖郎さんの出身地である八雲町の地域ブランド牛。東京・銀座の関西割烹を皮切りにホテルや海外でも腕を振るった阿部さんは２０１３年に和食店を開業。その３年後、「少しでも気軽に来てもらえるように」と、手打ちそばを取り入れた。

　道内各地のそば粉を吟味した末に選んだのは清里町の石臼挽きの摩周そば。つなぎは外一程度に加減して打っているが、「そばはシンプルなだけに難しい。粉の状態、自分の体調、全てが整わなければ、いいそばは打てない」と阿部さん。つゆのかえしには隠し味にビネガーを使い、だしは本枯れ節や宗田節、あご節など。常温で２日間なじませることで、バランスのいいつゆが出来上がる。「そば専門店ではないので」と阿部さんは控えめだが、そばを和食として楽しませてくれる貴重な店だ。

店主の阿部靖郎さん

住 札幌市中央区南4条西15丁目 1-25　木村ビル1F
電 090-6715-4648
営 11:50〜15:00、17:30〜21:30
休 日・祝日
席 14（禁煙）
駐 なし

手打ちざる……………780円
天ざる…………………1200円
黒毛和牛ステーキ丼
そばセット……………1500円
※夜の部のコースは原則予約制

豚入りごぼうせいろ

手打ち蕎麦

ルチン

札幌市中央区

つゆのうま味が際立つ二八そばの新店

ルチンとはソバに含まれる成分の一つ。のれんや名刺にはルチンの分子構造式がデザインされている。オープンしたのは2019年4月。十数年、そば店に勤めて独立した店主の漆崎敬文さんは、「場所柄、サラリーマンや近所にお住まいの方など、幅広い世代のお客様に親しまれる店を目指しています」と話す。L字のカウンター席は一人客も利用しやすく、整然と並ぶ木製のテーブル席はすっきりとして、居心地がいい。

そば粉は製粉会社が注文のたびに石臼で挽く道産品を選び、つなぎ二割で手打ちする。まろやかで、深みのあるつゆは冷・温用でかえしを変え、もり汁はだしと合わせてから3日寝かせて、角を取る。だしは自ら削る本枯れ節や宗田節。「だしをひいている時間が好き」と言うだけに、もり汁はそば湯で割ると、香りが引き立ち、種ものや豚入りごぼうせいろなどの付け汁はうま味が舌から胃へと染み渡る。蒸し鶏と卵焼きを載せた「冷たい親子」やオクラと揚げ玉入りの「とろろぶっかけ」など、月替わりで提供している限定メニューも好評だそうで、真新しいのれんが徐々に味わいを増していくのが楽しみだ。

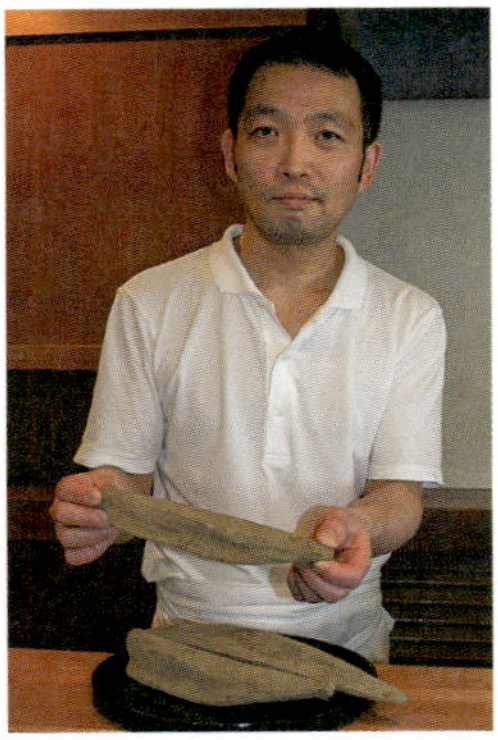

店主の漆崎敬文さん

住 札幌市中央区北3条西12丁目2-1 札幌パークマンション1F
電 011-557-0346
営 11:00～15:00、17:00～19:30
休 日曜・祝日の月曜、夜の部は不定休
席 25（禁煙）
駐 なし

もり・かけ	各650円
豚入りごぼうせいろ	900円
豚南	900円
えび天せいろ	1350円
炊き込みご飯	150円

大番《おおばん》 テレビ塔店《てれびとうてん》

まもなく創業半世紀 そば好きの胃袋を満たす存在感

亡き義兄から夫婦で継承

札幌の観光名所の一つ、さっぽろテレビ塔。地下街から直結するエスカレーターを上がると、飲食店街の一角に「大番」がある。向かい合って、カウンター15席の「本丸店」とカウンター8席の「二の丸店」があり、そばはどちらも自家製麺。

「二の丸店」のみ、平日の午後2時から二八の手打ちそばを出している。

食券制で、もりそば1枚450円。並盛でも一人前250㌘のボリュームで、プラス200円の大盛は見た目のインパクトも強烈なことで知られる。そのため、食べ切れないほどの大盛の店、昼時の行列が絶えない店などと形容されがちだが、それは市川英明社長の本意ではなく、「おいしいそばをお腹いっぱい食べてもらいたい」との思いが客の心を引き付け、行列を生んでいることにほかならない。

「大番」の歴史は、さっぽろテレビ塔地下にあった映画館が閉館し、リニューアルを図った1973年。市川社長の妻、律子さんの兄で、そば職人だった木谷和夫さんが現在の「二の丸店」の場所に開いたそば店に始まる。味よし、値段よしで、店は繁盛。ところが、木谷さんは94年2月、店内で倒れて、帰らぬ人となった。56歳の若さだった。

「お店を閉めることも考えましたが、『これからも先代おやじと同じそばをお腹いっ

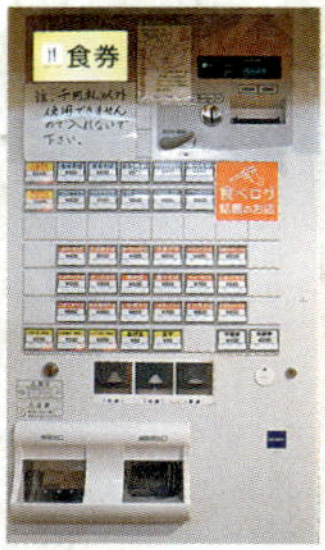

券売機

テレビ塔店の店長、市川斉さん

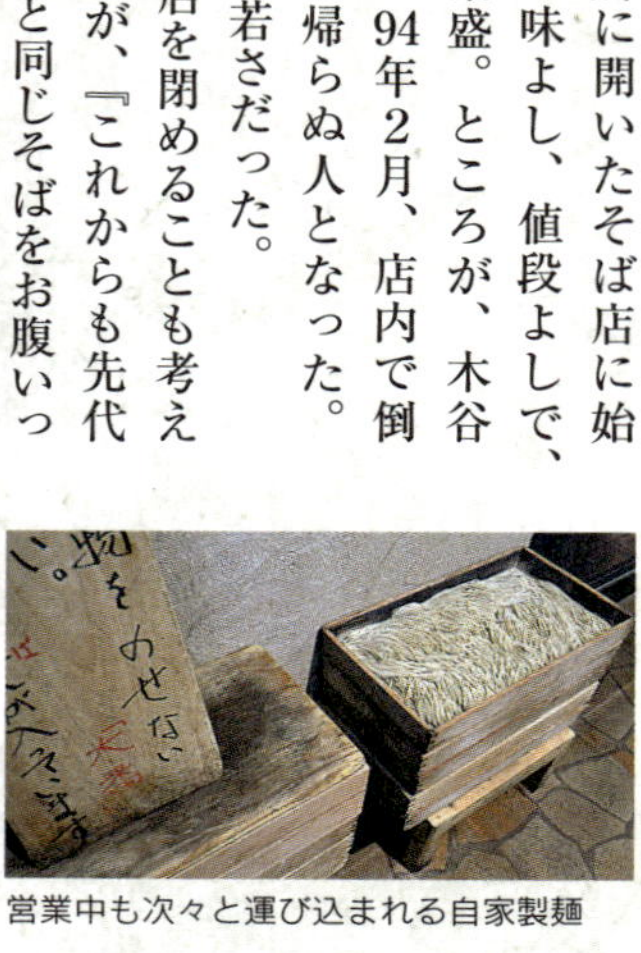
営業中も次々と運び込まれる自家製麺

もりそば中盛(奥)と冷やしたぬきそば

ぱい食べさせてほしい』というお客様の声に応えることにしました。急きょ、東京に単身赴任していた主人に帰ってきてもらい、店を継ぐことになったんです」（律子さん）。

行列に応える自家製麺

市川社長がまず取り組んだのは、女性客でも入りやすい店づくりだった。そばについては素人だったが、「生そばを業者から仕入れる受け麺では利益が出ない」と、自家製麺を決断。そば粉とつなぎの配合を何度も試作し、理想のそばが出来上がった。そば粉は国産と北米産のブレンドで、つなぎは三割。製麺は専用の工場で市川さん夫妻の長男巧さんが行い、大通店、北農店の3店舗分で1日1000食を超える日もあるそうだ。

つゆのかえしは全店共通で仕込み、それを各店舗で取るだしと合わせて、冷・温用のつゆを作っている。「忙しい時は1日3回、だしをひくこともあります」と言うのは、「二の丸店」でそばも打つ次男の斉さん。朝10時の開店から閉店までの10時間、途切れることなく客が訪れるが、行列ができると、そばをゆで始め、回転率を上げる努力も欠かさない。

そばだけで500グラムの中盛、1キロほどもある大盛を前にすると、「とても食べ切れない」と苦笑してしまうが、なぜか、するすると胃袋に収まっていくのが「大番」のそば。9割が男性客で、そのうちの8割は定期的に来店する常連だそうで、「うちのそばは一度食べると中毒になるみたいですよ」と斉さんは笑っている。そして、市川社長は、「これからも長く、そば文化を伝える店でありたい」と話し、「大番」を支えるそば好きのために心血を注いでいる。

住 札幌市中央区大通西1丁目さっぽろテレビ塔B1F
電 011-231-1678
営 10:00～20:00(二の丸店は手打ちそば売切次第閉店)
休 なし
席 本丸店15、二の丸店8(全席禁煙)
駐 なし

【大番 大通店】
住 札幌市中央区大通西15丁目2-1 ラスコム15ビル1F
電 011-615-4898
【大番 北農店】
住 札幌市中央区北4条西1丁目1 北農ビルB1F
電 011-221-2220

もり・かけ	各450円
冷やしたぬき	600円
かき揚げ天	600円
えび天	800円

中盛100円増、大盛200円増

おそばのお店 丞《たすく》

札幌市豊平区

喉越しのいい二八そばをオリジナルメニューで

2019年3月にオープンした小さなそば店。店主の兼田裕丞《ゆうすけ》さんの名前の1字を取った店名はなかなか読んでもらえないようだが、大きなのれんに平仮名で「たすく」と書いてある。市内の数軒のそば店で、そば打ちやつゆ作りなどを学んだ兼田さんが偶然、見つけた店舗は手打ちそばで評判だった場所。「以前の方と比べるお客さんもいますが、自分は自分のそばを出して頑張るだけ」と兼田さん。中休みのない夜までの営業は遅めのランチにも重宝され、昼からそば前を楽しむ近所のお年寄りの姿も増えてきたそうだ。

そばは手ごねの自家製麺で、つなぎは二割だが、摩周そばのキタワセに更科粉も交ぜ、キタワセの風味とシャキッとした喉越しの良さを同居させている。かけ汁に鶏油《チーユ》とユズを効かせ、黒コショウを添えた「鶏脂」やだしの代わりに大根おろしの汁を使った「熟成かえしのおろし蕎麦」など、オリジナルのメニュー作りにも熱心な兼田さんは、「そばもつゆも、もっと良くしていきたい」と話し、そばの量もたっぷり付けて、「おいしかった」の客の声に優しい笑顔で応えている。

店主の兼田裕丞さん

住 札幌市豊平区平岸5条7丁目8-27 新晃ビル1F
電 011-826-5388
営 11:00〜19:00、火曜は〜17:00、日・祝日は〜16:00
休 水曜
席 24(禁煙)
駐 3台

もり・かけ	各580円
鶏脂	930円
辛そば	930円
天ざる	1280円
焼き鳥丼とそばセット	900円(夕方限定)

がんこそば
えぞ一《えぞいち》

札幌市豊平区

レトロな建物で味わう「けんちんそば」

五目けんちん

見るからに年季の入った建物の扉を開けると、昭和時代にタイムスリップしたような錯覚に包まれる。1982年の開業から月日を重ね、初代菅井敏視さんの跡を娘の佐藤友紀さんと夫の直樹さんが継いで約10年。電気工事の仕事を辞めて、義父からそばの手ほどきを受けた直樹さんは石臼挽きの二八の田舎をメインに御膳そば、ダッタンそば、極太のどじょうそばの4種類を打ち分けている。

月見やきつね、天ぷらなど、定番のメニューが並ぶ中、「五目けんちん」は和食の料理人だった敏視さんのオリジナル。甘めのつゆに鶏肉やゴボウなど9種類の具のうま味が溶け出し、つゆが染みた焼き餅で満腹になる。そば打ちやつゆには湧き水を使い、そば湯を湯飲み茶碗で出すのも昔からのやり方だ。

月替わりのメニューには敏視さんが有機・無農薬で育てている山ワサビや夏野菜が登場し、毎年楽しみにしている常連客も多い。お世辞にもきれいとは言えない店内だが、なぜか居心地がいいのは佐藤さん夫妻の気取らなさと熱心な仕事ぶりのせいだろう。

店主の佐藤直樹さん、友紀さん夫妻

住 札幌市豊平区中の島1条3丁目7-8
電 011-812-3195
営 10:30～19:00
休 日曜
席 25(禁煙)
駐 5台

もり・かけ……………各550円
冷やしきつね…………650円
五目けんちん(温)……900円
御膳そば100円増し
ダッタンそば150円増し

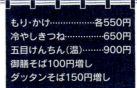

名水手打そば処

大草《たいそう》

札幌市豊平区

湧水で打つ店主独自の生一本流れ打ち

かき揚げせいろ

昭和の香りが漂う、国道36号沿いのビルの地下名店街。著名な書家による「大草」の書が飾られ、「生一本流れ打ち」の説明が張られている。畑違いの職種から、50歳でそば店の開業に踏み切った店主の塚本賢三さんは、「体に負担をかけずに打つために編み出した手法で、70食のそばが2時間足らずで打てますよ」と豪語する。そば教室も開き、独立を目指す生徒にもこの打ち方を伝授している。

弟子屈産のキタノマシュウと旭川市江丹別産のキタワセが五割ずつ、これにつなぎの小麦粉を二割入れたブレンド粉も塚本さんのオリジナル。真狩村の湧水で打ったそばは滑らかさとハリを併せ持ち、本枯れ節のだしが香るつゆとの相性もいい。辛味大根は自家製で、そばの風味を引き立てる。

丼ものとのセット目当ての客も多く、店内は気取らない居酒屋風。妻の京子さんと四半世紀になるそば人生を、塚本さんは、「そばのおかげで、健康でいられます」と満足げだ。

店主の塚本賢三さん

住 札幌市豊平区月寒中央通10丁目6-34 壷屋ビルディングB1
電 011-857-2318
営 11:30〜20:30LO
休 火曜
席 28
駐 3台＋テナント共有部分
HP https://www.kiippon.org/

もり、かけ	各580円
かき揚げせいろ	950円
天ざる	1580円
選べるセット（丼もの＋温・冷そば）	900円

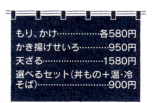

そば酒処

昌の屋《まさのや》

札幌市豊平区

幌加内産二八そばを居酒屋感覚で

もり・かけに始まるメニュー表をめくっていくと、後半は刺し身や焼き物などの一品料理が並び、丼ものや定食といったご飯類も多い。「幅広い層のお客さんに来てもらえる店にしようと思った」と言う店主の板垣昌志さんは居酒屋で働いていた経験にそばを加えて、2011年に独立した。

表にのぼりが立つように、そば粉は幌加内産の並み粉で、つなぎは道産小麦の中力粉。工程の一部に機械を使う手打ち式で、細めの二八そばに仕上げる。つゆのかえしには旭川のしょうゆを使い、出来上がった本がえしに荒節を加えて寝かせるのは板垣さんのアイデア。荒節と宗田節、昆布に花かつおで取るだしと合わせたつゆは、具だくさんの「冷やしたぬき」に掛けても、だしの香りが立っている。

店主の板垣昌志さん

そばは150グラムを基本に少なめから特盛りまで用意し、「もっと丼ものを増やしたい」という板垣さん。骨董品が置かれた店内は高級感が漂うが、板垣さんの狙い通り、使い勝手のいいそば酒処としてにぎわっている。

住 札幌市豊平区平岸2条15丁目5-16
電 011-811-6500
営 11:00～20:30LO
休 月曜(祝日は営業)
席 46(禁煙)
駐 12台

もり・かけ	各650円
冷したぬき	970円
かしわ(温)	890円
天そば	1350円
海鮮丼ミニ	880円

二色セイロと天ぷら盛り合わせ

手打ち蕎麦

四季《しき》

札幌市北区

盛り付けに個性が光る更科と全粒そば

ゆでて、水洗いしたそばを丁寧につまんで、長方形のせいろに盛り付ける。全粒そばと更科の2色盛りは、箸でつまむのが惜しいほどの美しさ。店主の南部晃さんは、「ばさっと盛るより、きれいでしょ」と笑い飛ばし、妻の信子さんは、「お客さんも喜んでくれますよ」と目を細める。

二十歳から勤務していた店舗設計施工会社が突然、始めたそばの店で基本を学んだ晃さん。48歳で退職し、自ら内装を手がけて、2004年に夫婦で「四季」の看板を掲げた。全粒そばはほろかない振興公社の挽きぐるみ、更科も道産を使い、どちらもつなぎ二割。本がえしに合わせるだしは昆布、荒節、宗田節とサバ節で、品のいいつゆのうわさを聞き付け、しょうゆメーカーがわざわざ食べに来たそうだ。

信子さんが揚げる天ぷらは衣に交ぜた焼酎が隠し味で、サクッと仕上がり、歯ざわりがいい。「自分がこだわったら、店は続かない」と言う晃さんだが、仕事の一つ一つに根っからの職人気質が見え隠れしている。

店主の南部晃さん、信子さん夫妻

住 札幌市北区太平11条6丁目6-10
電 011-773-0226
営 11:00～14:30、17:00～20:00
休 月曜
席 21(禁煙)
駐 6台

冷やしかけ・かけ……各680円
二色セイロ……………750円
つけとろ………………900円
天ぷら盛り合わせ…450円～
更科は各50円増し

野菜天ぷら板そばとミニ豚丼

蝦夷前 そばと豚丼

北堂《ほくどう》

札幌市北区

北海道が詰まった3種のそばと豚丼

道産のそば粉を使った3種類のそばと豚丼を看板に、「蝦夷前」と銘打って、2015年にオープン。道内外に6店舗を展開する「弟子屈ラーメン」の新業態で、午後5時からは日替わりの酒肴を加えたそば居酒屋の顔になる。

そばは二八と更科、外一の太打ち（限定）を全て店内で自家製麺。二八も太めに仕上げているため、かみながら、じっくりと、そばの風味が楽しめる。かつお節や宗田節、ウルメイワシやシイタケなど、だしの素材をふんだんに使ったつゆはうま味を複雑に組み合わせ、そばにたっぷり付けても辛さはない。そば粉を溶いた濃厚なそば湯も印象に残った。

阿寒ポークを使った豚丼は網焼きであっさりと仕上げ、単品でもミニサイズをそばとのセットでも楽しめる。開店以来、味もメニューも改良を重ね、「そばの可能性を追求していきたいですが、そばは本当に奥が深い」と言う店長の佐々木秀《しげる》さん。ほぼ年中無休で、近隣の住民にも喜ばれている。

店長の佐々木秀さん

住 札幌市北区北17条西4丁目2-20 ライオンズマンション1F
電 011-374-8883
営 11:30～22:00LO（日・祝日～21:00）
休 無休
席 21（禁煙）
駐 2台
HP http://hokudo.jp/

板そば（二八）	700円
更科もり	830円
太切り（並）	780円
野菜天ぷら板そば	980円
ミニ豚丼（そばとセットの場合）	300円

そば処

松盛庵《しょうせいあん》

札幌市
北区

地域に根付く熱血店主の更科そば

もりそば＋かしわ

1989年の開店以来、地域密着のそば店を貫いてきた店主の松井敦利さんは、交通安全や学校関係など、名刺に書き切れないほどの肩書きを持つ。警察官やトラックドライバーも経験し、その人生は波乱万丈だが、「自分はあくまでもそば屋の親父」と笑い飛ばす。

そばは松井さんの修業先だった「東家寿楽東急店」で習った更科で、輸入粉に道産のそば粉も交ぜて、細くしなやかに製麺する。程よい辛さの後に甘みが膨らむもり汁も、だしのうま味が染み渡るかけ汁も、継ぎ足しを重ねながら、地中のかめで静かに寝かせた本がえしがベース。だしは、「4種類のかつお節を丁寧に皮をむいて処理し、自店で削って、だしを引いています」と松井さん。

子どもや高齢者のためにミニそばやミニ丼、冷温のセットメニューも作り、厨房を支えるのは妻の由美さん。「庶民のための高級そば屋」をコンセプトに、そばにも地域の活動にも全力で取り組む姿は更科そばの喉越しのように清々しかった。

店主の松井敦利さん、由美さん夫妻

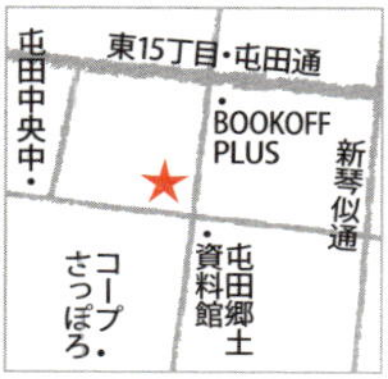

住 札幌市北区屯田6条7丁目1-1
電 011-773-2774
営 11:00～14:30、17:00～20:00
休 水曜、第1・3木曜
席 50
駐 15台

もり・かけ	各550円
かしわせいろ	700円
えび天とじ	850円
もりそば＋かしわ	850円

※各税別

板そば

なみ喜本店《なみきほんてん》

札幌市 北区

自家製粉で仕上げる十割の板そば

とり天（板）

木箱に盛られたつやのある色黒の十割そばと鶏胸肉の天ぷらが「なみ喜」の代名詞。２００２年12月の開店当時は珍しかった板そばを札幌に広めた立役者でもある。店主の鶴岡裕巳さんは元会社員。転勤先の福島県で出会った箱そばや山形県の板そばに感動し、「元々、飲食店をやりたかった」という妻のゆうこさんと札幌で開業した。独学とは思えないそばとつゆのバランスの良さは、「探求心が強く、味覚も鋭い主人だからできた味」とゆうこさんが打ち明ける。

開業から6年後には篠路店を新築し、４台の石臼を入れて、自家製粉に切り替えた。「国産より味が濃い」という北米産の玄ソバを殻付きのまま挽き、２店分を製麺する。板もりで一人前（ざる）の１・５倍、さらに中・大・特板まであり、しっかりうま味を感じるつゆがそばの味わいを引き立てる。２店合わせて１５０席あっても、週末や昼時は行列必至。小柄なゆうこさんの右腕に出来た力こぶが繁盛ぶりを物語っている。

店主の鶴岡裕巳さんの妻ゆうこさん

篠路店

住 札幌市北区北24条西13丁目2-1
電 011-746-0156
営 11:00～20:00LO
休 木曜
席 64（篠路店は92席）
駐 15台
篠路店　札幌市北区篠路1-1-2-5

ざる	720円
板	880円
かけ	780円
とり天 板	1140円
かも 板	1210円

ランチC（そば・天ぷら・ご飯・お新香）

蕎屋 きよ福《きよふく》

札幌市 東区

セットも充実、元料理人の二八そば

札幌コミュニティドームに近い通称篠路通沿い。前は寿司店だったという店内は小上がりもある上品な雰囲気だが、各テーブルに置かれた1枚ものメニューは丼とのセットやランチセットもあり、価格も庶民的。2010年10月に看板を揚げた店主の岩渕昭憲さん、邦恵さん夫妻は、「場所柄、作業員の方の利用が多いので、安くて、お腹いっぱいになるように」とセットメニューを増やし、夫婦2人だけで、調理に接客にと汗を流す。

元々が料理人で、産婦人科クリニックの勤務時代は和洋中あらゆる料理をこなしてきた岩渕さんだが、そば店開業の前には横浜にあった一茶庵手打ちそば教室で基本を学んだ。そばは道産と輸入粉をブレンドした二八で打ち、本がえしに合わせるだしは薄削りの本枯れ節のみ。ごま油の香り漂う天ぷらも、ランチセットに添えたきんぴらも手抜きなく、「普通のそば屋を続けたい」と、あくまで控えめな岩渕さん。価格以上の満足感が味わえる。

店主の岩渕昭憲さん

住 札幌市東区北39条東20丁目1-10
電 011-784-5454
営 11:00〜15:00、17:30〜19:00
休 水曜
席 32
駐 8台

もり・かけ……各650円
鴨南蛮せいろ……1150円
天丼セット……1100円
ランチセットC（もりまたはかけ、天ぷら5種、ご飯、漬け物）……950円

多加べえの茶屋総本店

蕎傳《そばでん》

札幌市白石区

更科と田舎そばを合掌造りの店内で

かしわセイロ(合盛り)

「多加べえの茶屋」の屋号で製麺業を営む「まるたか」の会長、須藤高司さんが念願かなえたそば店で、開業は2007年。合掌造りの店内の意匠と庭は何度訪れても、目を奪われる。店長を任された高司さんの次男竜平さんは、「この雰囲気に見合ったそばを出すため、試行錯誤を続けてきました」と姿勢を正す。

そばは白く、細く、コシのある更科と、挽きぐるみを二割ほどのつなぎで打つ田舎があり、そば粉は全て道産。「えぐみを抑え、甘みを出したいから」と、手打ちの田舎に更科粉も交ぜるのが竜平さん流で、つゆはかえしと数種類のだしで丁寧に仕込む。

数あるメニューの中でもファンが多いのは、高司さんが修業した釧路の「竹老園 東家総本家」同様、道東産の親鳥を使った「かしわセイロ」。鶏の脂がうま味となって、つゆに深みを加え、サービスで出される白菜の漬物との相性もいい。口の中に広がる芳醇な余韻とともに外に出ると、もう一度、建物を見上げたくなった。

店長の須藤竜平さん

住 札幌市白石区平和通6丁目南3-14
電 011-862-2000
営 11:00〜15:00、17:00〜20:00LO(土・日・祝日は11:00〜20:00)
休 火曜(祝日は営業、翌日休み)
席 65(禁煙) 駐 20台
HP http://www.sobaden.com/

セイロ・かけ(更科)	740円
かしわセイロ	1140円
天セイロ	1630円
手打ち田舎は各100円増し	
さば棒ずし	560円

小海老天おろし

手打ちそば

はな月《はなつき》

札幌市白石区

選び抜いた素材が醸す上質な十割そば

さくっと上がったエビの天ぷらが5尾載った「小海老天おろし」や「かき揚げおろし」。聞き慣れないメニューの「化かし」は野菜のかき揚げに温泉卵を添えたぶっかけそばで、いずれも、毎月店内に掲示される上位10位までのランキングで支持されている。

天ぷらものが評判なのは、太白ごま油を使った上品な味わいが客に伝わっているせいだが、もちろん、そばも秀逸。そば粉は十割そばを打つために吟味を重ね、細く、長く、喉越し爽やかに打ち上げる。店主の紺野毅さんは、「いいそばを作るには生産者さんが7割強、石臼の製粉が2割強、自分の力は残りわずか」と言うものの、そばに関する豊富な知識で、素材探しは全国にアンテナを巡らせる。だしの本枯れ節は鹿児島県の生産者から直接購入し、のり1枚にも上質さが光っている。

市内の老舗で基本を学び、そば店を始めたのは2009年。のれん1枚でつながる室内ゴルフ練習場も経営する紺野さんにゴルフの腕前を聞くのは忘れたが、そばにおいてはプロフェッショナルだった。

店主の紺野毅さん

住 札幌市白石区川下2条6丁目2-15
電 011-875-6717
営 11:30頃～16:00（水曜は～15:00）
休 木曜、最終週の水曜
席 25（禁煙）
駐 20台（TKゴルフセンター共有）

せいろ・かけ	各600円
化かし	800円
小海老天おろし（天ぷら別盛りも可）	1000円
鴨せいろ	1500円

かしわごぼう天せいろと追加の２色盛り

十割そば

ゆう賀《ゆうが》

札幌市白石区

4種類の十割そばを多彩なメニューで

挽きぐるみの田舎太打ちと細打ち、一番粉の更科、石臼挽きの並み粉の細切りの4種類のそばは全てつなぎなしの十割で、同一料金。メニューの種類も多く、何ページもあるメニューブックには小盛、大盛、2色盛などの説明が細かく書かれている。「どのメニューにも常連さんがいるので、やめられなくて」と苦笑するのは店主の小林信司さん、加代子さん夫妻。東京で勤めていた会社の閉鎖を機に、全く経験がないそば店開業に踏み切った信司さんは、「コシの強いそばを出したかった」と話し、早朝から4種類の製麺に励んでいる。

かしわごぼう天せいろなどの付け麺にはもり汁も一口分添えられ、根昆布と本枯れ節のだしの香りがぷんと立ち上る。「独学ですし、もっといいそばが出せるはず」と前向きな信司さんを天ぷらを揚げたり接客で加代子さんが支え、開店からまもなく15年。信司さんは、「幼稚園だった長男が大学生になりました」と父親の顔をのぞかせた。

店主の小林信司さん

住 札幌市白石区中央1条3丁目4-10
電 070-6601-8670
営 11:15～15:00
休 月曜
席 26（禁煙）
駐 6台（近隣パーキング200円分サービス）

もり・かけ（180グラム）…各750円
かしわごぼう天せいろ…1100円
冷やしたぬき……………950円
おかわりせいろ…1種類550円
2色盛りは各300円増し

手打ちそば

扇谷《おおぎや》

札幌市南区

ご夫婦の自宅でいただく新潟のへぎそば

梅じそ

扇谷秀雄さん、繁子さん夫妻の自宅の居間に大テーブルが一つ。窓の外に広がる庭木が見事で、時折野鳥も姿を見せる。梅の木は紅白2本あり、毎年漬ける自家製の梅干しを載せたぶっかけそばの「梅じそ」が爽やかだった。

長年、和食の職人だった秀雄さんが打つのは、2人の出身地、新潟県の郷土そばとして知られる「へぎそば」。つなぎにフノリを使うことで、ツルツルとした喉越しと弾力が生まれる。「乾燥フノリを銅鍋で煮るのが朝一番の仕事」と秀雄さん。幌加内産のそば粉を二八で打つ際、フノリを加えて練っている。

うま味たっぷりのつゆはかえしにもかつお節を入れて寝かせ、昆布や本節のだしと合わせる。このつゆを生かした炊き込みご飯や漬け物、卵焼きを全てのメニューに付けているのは、「わざわざ来てくれた方への感謝の気持ち」と繁子さん。そばを食べ終えてもくつろいでしまうのは、そこが扇谷さん夫妻の自宅そのものだからで、近所の人たちの憩いの場にもなっている。

店主の扇谷秀雄さん、繁子さん夫妻

住 札幌市南区澄川5条6丁目14-20
電 011-833-8433
営 11:30〜15:00
休 水曜
席 8(禁煙)
駐 2台

板もり・かけ	各650円
梅じそ	750円
とり天ごぼう	880円
エビぶっかけ	1100円

※全品炊き込みご飯付き

梅おろし

そば処

盛朗庵《せいろうあん》

札幌市 南区

祖父から孫へ受け継がれるそばとかえし

真駒内通を走ると、屋根が特徴的な一軒家が目に入る。店主の櫻庭守恭《もりやす》さんの祖父、故武雄さんが建築会社を畳んで、独学でそば店を始めたのは1978年のこと。守恭さんは学生の頃から、このそばに親しみ、そば打ちや料理も覚えて、2014年に3代目となった。

「祖父が独学で築いたやり方を代々守っています」という守恭さんは、道産の石臼挽きのそば粉を手でこね、のしてから、製麺機で仕上げている。大切にしているのは創業以来、継ぎ足しながら使っている「かえし」。しょうゆの角が取れ、だしの風味も穏やかなつゆで、一人前180グラムのそばも飽きずに食べられる。京都の名店の梅干しを使ったぶっかけそばの「梅おろし」は薄削りや焼きのりの香りに引かれ、かっ込むように平らげた。

建物も銅板を張った机や木製の椅子も武雄さんがあつらえさせたもので、「おじいちゃんに感謝」と話す守恭さん。ほぼ休みなしで店に立ち、いずれは夜の営業も始めたいそうだ。

店主の櫻庭守恭さん

住 札幌市南区真駒内柏丘3丁目1-41
電 011-582-6111
営 11:00～15:00LO
休 元日～3日
席 47(禁煙)
駐 16台

もり・かけ	各690円
梅おろし	1100円
かしわせいろ	1150円
大えびてんぷら	1400円
天ざる(大えび入り)	1730円

つけ鴨

蕎麦

花月《かげつ》

札幌市
西　区

地下水が支える外二のそばとつゆ

小さなのれんが風に揺れるコンクリート壁の建物は、店内の雰囲気も独特で、和洋折衷のモダンな造りが印象に残る。創業は1951年。店主の桜井正人さんは祖父重秀さん、父輝治さんが築いた店を受け継ぎ、89年に中央区から移転。理由の一つは、良質な地下水を求めてのことで、正人さんは、「地下50メートルの岩盤層からくみ上げる水が、そばやつゆ作りに欠かせません」と、自宅の敷地にある受水槽を見せてくれた。

そば粉はその時期、その時期で状態のいい道産の並み粉を選び、外二のつなぎで、細めに打ち上げる。富良野の牡丹そばや摩周のキタワセなど、産地を特定した特選そばとうどんも手打ちで用意し、つゆのかえしは冷・温用2種とうどん用を使い分ける手の込みよう。つけ鴨にはもり汁も添えられ、「鴨汁にはユズ一味が定番です」と正人さん。

週末は家族連れで席が埋まり、親子三世代でそばをすする姿を3代目の正人さんは厨房の奥から優しく見つめている。

そばを入れる店名入りの生舟

住 札幌市西区西野5条2丁目11-8
電 011-664-0888
営 11:00～15:00
休 月曜、第3火曜(それぞれ祝日の場合は営業し、翌日休み)
席 36(禁煙)
駐 10台

もり・かけ	各720円
つけ鴨	1100円
かしわ	820円
天ざる	1450円
特選そば	各120円増し

キムチ丼セット（角煮２個）

そば屋

五衛門《ごえもん》

札幌市 西区

名物角煮と摩周そばの二八をセットで

山の手通の「五衛門」の看板に、同じ通り沿いにあったうどんの名店「三角山五衛門」を思い出す人もいるだろう。店主の工藤倫さんは、「父がやっていたうどん屋を12年手伝いましたが、うどんよりそばが好きだった」と笑い、2013年3月、「三角山五衛門」の閉店直後の開店となった。そして、「このそば粉に出合わなければ、やらなかった」とまで言うのが、弟子屈町の摩周そばのキタワセのそば粉。つなぎ二割の軽やかな細打ちで、整った麺線はうどんで使っていた包丁切りの製麺機のたまもの。そばの風味を生かすつゆは、本がえしとだしを合わせてから、さらに2～3日寝かせている。

「おいしいものをお腹いっぱい食べてほしい」と、メニューにはセットものも並び、中でも人気は角煮。みそ味の豚の角煮は純さんから引き継いだ名物で、1個100グラムの存在感。丼ものや単品でも注文でき、持ち帰りを頼む常連もいる。「そばも天ぷらも自分でやらないと気が済まない」と言う倫さんの、全てに手を抜かない姿勢はやはり父親譲りのようだ。

店主の工藤倫さん

住 札幌市西区山の手7条7丁目5-12
電 011-631-8180
営 11:30～15:00、17:00～20:00
休 水曜、火曜の夜の部
席 23（禁煙）
駐 8台

もり・かけ……………各750円
角煮定食（そばまたはうどん付き）……………1200円
キムチ丼セット（同）…1250円
ミニキムチ丼セット（ランチのみ）……………1000円

そば屋酒

翠明庵《すいめいあん》

札幌市西区

軽やかな十割そばと店主が仕込む地酒

天せいろ

夜はもちろん、昼間でも、地酒やビールを片手にそばをすする客がいる。そば前はだし巻や天ぷら、自家製ポン酢をかけた油揚げなど。店主の吉田強さんが打つそばはつなぎなしの十割で、驚くほど細く、軽やか。黒松内町の生産者から直接仕入れる奈川在来種のそば粉の質の良さが口に含んだ瞬間から伝わってくる。「喉に引っ掛かる砂糖の甘みが苦手だから」と、つゆのかえしは本みりんとしょうゆのみ。昆布と干しシイタケ、粉砕したかつお節で取るだしを合わせたつゆは吉田さんが開業前から決めていた味で、左党の締めにも、食事としても、すっきりとした後味に包まれる。

東京のそば教室や和食店などで開店の準備を重ねた吉田さんは仙台市で約3年間、居酒屋を経営していたことがある。当時出会った宮城県の新澤醸造店へは自ら蔵人として出向き、そばに合う酒を仕込む。全てが妻の裕子さんとともにつくる「そば屋酒」のための時間。2007年の開店以来、地域にも溶け込み、そばと酒の名店の道を歩んでいる。

店主の吉田強さん、裕子さん夫妻

住 札幌市西区西野9条4丁目8-17
電 011-664-7238
営 11:30～14:00、18:00～21:00LO
休 木曜、日・祝日の夜の部
席 17(禁煙)
駐 10台

せいろ	700円
かけ	800円
天せいろ	1500円
だし巻	700円
日本酒	1杯600円

特もり(400グラム)

そば処

ささ川《ささがわ》

札幌市手稲区

2代目夫婦が受け継ぐ太めの平打ちそば

　やや太めの平打ちのそばが100グラムずつ、4段のせいろで出される「特もり」はそば好きの客のためにつくったメニュー。普通のもりそばでも一人前220グラムと大盛り並みだが、「一人で1キロ近く食べたお客さんもいますよ」と言うのは店主の相田慶一さん、千晶さん夫妻。父性一さんが1949年に狸小路2丁目で始めた7坪のそば店から始まり、円山、新琴似、手稲と移転して、2004年に新川通り沿いの現在地に落ち着いた。

　慶一さんが毎朝、製麺するそばは、「つなぎの割合をいろいろ試した結果、そば粉七割、つなぎ三割になりました」。つゆ作りは慶一さんの母小夜子さんから千晶さんへと受け継がれ、だしは、「宗田節とウルメイワシ、もう1種類は秘密」と千晶さん。甘めですっきりとしたつゆはそば湯で割る前に飲み干してしまいたくなる。

　当別町まで毎月、買いに行くコメにもこだわり、そうじに2時間かけるなど、重労働を2人でこなす相田さん夫妻は70年を迎えたのれんを大切に守り続けている。

店主の相田慶一さん、千晶さん夫妻

住 札幌市手稲区前田11条10丁目1－11
電 011-683-9594
営 11:00～14:30LO
休 木曜
席 45(禁煙)
駐 20台

もり・かけ	各550円
特もり(400グラム)	1000円
肉そば	800円
ささ川(もり・かけ・エビ天)	1250円
かもせいろ	1050円

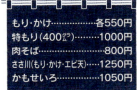

取材こぼれ話

▼札幌市西区の「**翠明庵**」（**44P**）のおかみ、吉田裕子さんは毎日、和服姿で店に立つ。「着物で仕事がしたかったから」と理由は明快。茶道の師範で、地域の子供達に書道も教えているだけに裕子さんの和服姿は板に付いている。その裕子さんが手書きで作る「すいめい庵だより」には店のメニューや地域の話題がぎっしりと盛り込まれ、読めば読むほど、そばを食べに行きたくなる。ちなみに店名の「翠明」は裕子さんの茶道の庵号だそうだ。

▼札幌市北区の「**松盛庵**」（**34P**）の店主、松井敦利さんは創業30年を迎えた2018年5月、「親父の背中」と題した著書を自費出版した。サブタイトルは、「ハーレー乗りのそば屋の親父が〝心〟で語るメッセージ」。幼少期からそば店店主になるまでの半生を赤裸々に綴った自伝で、「息子たちに自分の背中を見せたかった」と松井さん。加えて、自らを「絆書家」と名乗り、心に響くメッセージを独特の書体で綴る特技も持っている。松井さんオリジナルの言葉を綴ったポストカードもあり、取材時にいただいた「感謝ありがとう」と書かれたカード＝写真＝は、「こちらこそ」の気持ちになった。

▼札幌市中央区の「**八天庵本店**」（**12P**）に立ち寄った時のこと。年配の男性が扉を開けるなり、「あつもり」を注文した。メニューに「あつもり」はなく、おかみは一瞬、戸惑った様子だったが、店主の村田仁さんは、「湯掛けだね」と引き受けた。「あつもり」はゆでて、洗ったそばをそば湯に通し、熱々で提供するもので、メニューに載せる店は少ない。しかも、閉店間近でそばが売り切れていたため、村田さんはその男性に了承をもらって、追い打ちを始めた。粋な計らいに老舗の風格を感じた。

道央・道南

梅おろしそば

そば農家の店

そば舎《そばや》

石狩市

自家栽培、自家製粉の二八そばを古民家で

「そば農家の店」の看板が立つ古民家は帯広市大正から移築されたもので、元は骨董品店。２０１１年８月にそば店になったのは、長く農機具販売を手掛けていた竹内吉明さんが事業を長男に譲り、牡丹そばや黒千石大豆を作る農家となったのがそもそものきっかけ。「この建物に一目惚れして、やっちゃうかってことになったの」と、妻の美恵子さんは笑顔で振り返る。

収穫した玄ソバは士幌町の製粉所で丸抜きにしてもらい、さらに手作業で選別をしてから、吉明さんが粉にする。それを二八のそばにするのは美恵子さんや厨房を受け持つ職人の仕事。つゆは冷と温用でしょうゆを変えたかえしにかつおと宗田節のだしですっきりとした辛口に仕上げている。

毎年、南高梅で漬けている梅干しを載せた「梅おろし」が評判で、石狩産の餅米で作る餅入りの「力そば」や自家製野菜の天ぷらや漬け物など、「できるだけ地産地消で」と美恵子さん。牡丹そばの乾麺や焼酎、手作りのソバ殻枕も人気があり、美恵子さんの温かなもてなしに客もほっこりするようだ。

店主の竹内美恵子さん

住 石狩市花川南9条1丁目92
電 0133-72-4141
営 11:00～15:00
休 月曜（祝日は営業、翌火曜休）
席 36（禁煙）
駐 12台

もり・かけ	各650円
梅おろしそば	920円
力そば	920円
天ざる	1400円
豆ごはん	150円

そば処

こびやま

安曇野の師匠に学んだそばとつゆ

小樽市

十割せいろ

JR小樽駅に近い中央市場の通称1棟に小さなのれんが揺れている。昼も夜も一人で店を切り盛りする店主の媚山孝造さんは65歳で定年を迎えた2014年にそば処ののれんを揚げた。会社員時代の転勤中に通い詰めた長野県安曇野のそば店店主がそば打ちとつゆ作りの師匠だそうで、「それまで食べていたものと全く違うコシのあるそばに感動して、技術を教えてもらいました」と振り返る。

開店当初、二八だったそばは蘭越町の農家が作る石臼挽きのキタワセに変えて、十割となった。濃厚で、甘みのあるつゆは、長野県のしょうゆで仕込む本がえしと昆布や本枯れ節のだしのうま味がそばの味わいを引き立てる。これとは別に太く、色黒の十割そばもあり、挽きぐるみのそば粉は長野県産。ニシンの甘露煮や岩のりは小樽の老舗から仕入れ、夜の営業では全国の地酒と酒肴で、ほろ酔い気分も味わえる。媚山さんは、「そば以外のことは小樽の人や知り合いが教えてくれました」と顔をほころばせ、そばとともに第2の人生を歩んでいる。

店主の媚山孝造さん

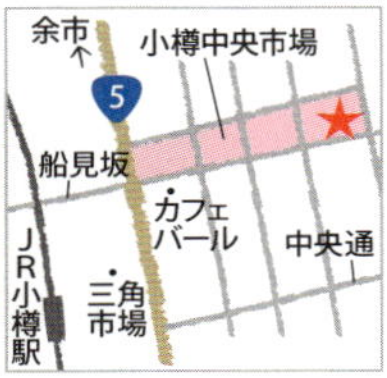

住 小樽市稲穂3丁目11-1
中央市場ビル1棟
電 090-9511-0156
営 11:00～14:30、18:00～24:00
休 月曜
席 17(禁煙)　駐 なし
HP https://harenohiphoto1.wixsite.com/otaru-soba-kobiyama/

十割せいろ	700円
イカゲソ天	1000円
岩のりざる	900円
ニシンそば	1200円
黒太十割	900円

にしんそば

南樽砂場《なんたるすなば》

小樽市

無骨な二八の味わい深いにしんそば

直径23センチほどの器にぴったり収まるニシンの甘露煮。手前には三つ葉、奥には斜め切りの白ネギが整然と並ぶ。店主の越智昭さん自慢の「にしんそば」は創業以来の看板メニュー。余市の水産会社から仕入れる大ぶりの身欠きニシンをコメのとぎ汁で脂抜きし、日本茶で煮てから味を含めるまで、2週間近くかけた甘露煮は、越智さんが修業先の社長と考案したもの。つゆをすすると、口いっぱいに甘みが広がる。ニシンの下から現れるそばは、太めの平打ちで、つなぎ二割。更科そばを選ぶこともできるが、うま味の濃いにしんそばには無骨な二八が合っている。

毎日、そばを打つ越智さんは傘寿を過ぎた1936年（昭和11年）生まれ。10代から修業を始め、一時は小樽に3店舗を構えていたこともある。今でも8キロ玉を打ち、だし取りを手伝うのは妻のツルさん。「小さな店ですが、常連さんは相席してくれるので助かります」と頭を下げる越智さんにとって、そばの仕事はまさに天職だ。

店主の越智昭さん

住 小樽市住吉町9-10
電 0134-34-1293
営 11:30～19:00
休 なし
席 21
駐 なし

もり・かけ……………各650円
天ざる……………………1050円
にしんそば………………1200円
12:00～13:30はおにぎり付きのサービスメニューあり

十割蕎麦と特選天ぷら御膳

小樽

北勝庵《ほくしょうあん》

歴史的建造物で味わう新感覚のそばと天ぷら

小樽市

1920年（大正9年）に建てられた歴史的建造物の一角。「十割蕎麦と天ぷらがうまい店」をコンセプトに、2018年9月末から営業を始めたオーナーの加藤敦さんは、「そばやしょうゆ、天ぷらの衣も小麦を含まないグルテンフリーですから、アレルギーの方も安心して召し上がれます」と胸を張る。

そば粉は幌加内町のソバ農家と契約した挽きぐるみ。つなぎは一切使わず、製麺機でやや太めに仕上げる。滑らかな舌触りはパスタにも似た感覚で、つゆのしょうゆは小麦不使用の丸大豆。道産の昆布と鹿児島産の本枯れ節のだしをしっかりと効かせ、うま味の余韻が後を引く。

米粉とトウモロコシ粉を薄くまぶした天ぷらは見た目も食感も小麦の衣とは明らかに違って面白い。江戸から大正時代の骨董の器は食べ終えた時に見える絵柄が秀逸。外国人観光客も多い場所柄、メニューは日英中韓の4カ国語を掲載している。そばと建物が新旧で共演し、意外なほどの安さも加藤さんの狙いのようだ。

オーナーの加藤敦さん（右）と店長の曽根俊彦さん

住 小樽市色内1丁目6-27
旧まるいち後藤商店1F
電 0134-26-6464
営 11:00～15:00、17:00～21:00LO
（土日祝日は通し営業）
休 火曜　席 22（禁煙）
駐 提携駐車場割引あり
HP https://otaru-hokushoan.jp/

もり・かけ……………各690円
小樽のにしんそば（温）…890円
十割蕎麦と特選天ぷら御膳…1480円
大盛り無料サービス
※各税別

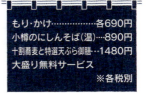

もりえび天

手打ちそば

雪月花《せつげっか》

江別市

夫婦で迎える住宅街の細打ち二八そば

会社員からそば店店主に転身した立石義信さんは、「初めて手打ちそばを食べた時、それまで食べていたそばとの違いに気付き、自分でも打ってみたいと思ったのが始まりでした」と照れくさそうに話す。1冊の入門書を購入し、そば店での経験も積んで、2011年9月、江別の住宅街で開店した。

そば粉は道産の並み粉を仕入れ、つなぎも道産小麦の二八の細打ち。その日のそばに合わせてしっかりとゆで上げ、氷水で締めることで、プリッとした食感に仕上げている。試行錯誤を重ねたつゆは、「しょうゆのエッジを効かせたかった」と、生がえしを寝かせて使い、本がつおのだしだけで、力強くもすっきりとした辛汁と昆布のうま味を加えた甘汁を仕込んでいる。

「ゆでたての一番おいしい状態でお出ししたい」と言う立石さんを妻の由美子さんが接客で支え、そばに全力投球の立石さん夫妻。開店当初は30席あった座席を18席まで減らしたのも、最善を尽くすための選択だったそうで、そばにかける思いが言葉の端々ににじみ出ていた。

店主の立石義信さん、由美子さん夫妻

住 江別市朝日町4-21
電 011-378-9569
営 11:00～15:00
休 月、金曜
席 18(禁煙)
駐 5台

もり・かけ	各700円
もりえび天	1200円
とり天そば(温)	1000円
かしわごぼうせいろ	950円

せいろ(薮)=手前=とせいろ(更科)

手打そば

わか竹《わかたけ》

江別市

2種類の細打ちそばを贅沢なつゆで

和風の店内は、1999年の開店から20年も過ぎたとは思えないほど手入れが行き届いていて清潔。メニューを開くと、最初のページにそばやつゆ、天ぷらに使うエビや野菜などの説明が丁寧に綴られている。店主の高津尚史さんが毎日打つのは、丸抜きの並み粉の通称藪《やぶ》と更科の2種類。そば粉は蘭越町の農場が無農薬で育て、石臼で挽いたキタワセで、どちらも二割のつなぎには地元江別産の小麦粉を使っている。均整の取れた細打ちのそばは、ふわり、つるりと喉の奥に流れていく。

店主の高津尚史さん

そばを受け止めるつゆのだしには鹿児島県枕崎産の本枯れ節と高知県土佐清水産の本枯れ宗田節を使い、隠し味程度にサバ節を加える。だしをひく直前に自ら削るため風味が良く、「かえしのしょうゆやみりんも吟味したものを使っています」と高津さん。口数少なく、営業中も調理に専念している姿はいかにも職人だが、実は42歳での脱サラ組。「もう、そばの仕事の方が長くなりました」と目を細めた。

住 江別市野幌末広町1-6
電 011-381-0188
営 11:00～15:00
休 月曜(祝日の場合は営業し、翌火曜休み)、第3火曜
席 26(禁煙)
駐 7台

せいろ(籔)	638円
せいろ(更科)	770円
かき揚げせいろ(籔)	1089円
天ぷら(籔)	1430円
いなり寿司(2個)	190円

天ざる次男

そば天国

松乃家総本店

まつのやそうほんてん

北広島市

2代目の熱意で守る緑色の釧路藪そば

国道274号沿いに堂々とたたずむ合掌造りの建物の入り口に張られた「釧路藪《やぶ》そば」の店頭幕。更科粉につなぎの小麦粉とクロレラを練り込んだ緑色のそばは釧路発祥の独特な麺で、創業者の松野力さんが釧路の「米町東家」で修業したことに由来する。1973年にわずか12席の「松乃家」としてスタートし、82年に釧路から移転した際、「そば天国」の看板を掲げた。現在は力さんの次男、力也さんが毎日200食は下らない製麺を手掛け、従業員の士気の向上にも余念がない。

緑色のそばは見た目の印象と違って癖はなく、つるりと、喉の奥に流れていく。やや甘口のつゆのだしは寒の時季に1年分をまとめて仕入れる宗田節のみ。最も神経を集中させるのがだしをひく時間だそうで、「気取らずにじゃぶじゃぶ、つゆを付けて食べてほしい」と力也さん。田舎そばをメニューに加えたこともあったが、悩んだ末に原点に立ち返り、天ぷらや子供向けメニューも充実させて、「釧路藪そば」の提供に2代目としての情熱を傾けている。

2代目の松野力也さん

住 北広島市東共栄2-4-7
電 011-372-1231
営 11:00〜21:00
休 火曜、第3水曜
席 94(禁煙)
駐 35台
HP http://www.sobatengoku.com/

もり・かけ	各550円
鴨せいろ	950円
天ざる次男	1300円
松乃家道楽(もり・天ぷら・そば豆腐・かしわ抜き)	1480円

天ざる(二八)

手打そば

魚峰庵《ぎょほうあん》

恵庭市

元自衛官が手打ちする正統派の二八そば

ＪＲ恵庭駅から徒歩10分ほどにある豊栄神社のすぐ隣。小上がりもある店内は、2010年11月の開店から9年も経てなお清潔で、明るい。

店主の伊藤正美さんは元自衛官。「出身地の山口県はそばよりうどん派ですが、北海道に赴任してから、そばのおいしさを知りました」と、54歳での退官後に安平町の「そば哲」で、一からそばの技術と知識を身に付けた。道産の石臼挽きのそば粉をつなぎ二割で打ち、直径1・5ミリが伊藤さんの目指すそば。これとは別に玄ソバを自ら石臼で二度挽きした粉も作り、1日2食分だけ、田舎そばを打っている。

冷・温用を分けて仕込むかえしには長野県産の濃口しょうゆや甘露しょうゆを使い、自ら削ってひくだしには本枯れ節や亀節など4種類の節を使う。「全て、師匠に教わった通りですから」と控えめな伊藤さんだが、戦車部隊を勤め上げた真面目さはそばの仕事でも大いに発揮され、そば好きの舌をうならせている。

店主の伊藤正美さん

住 恵庭市大町3丁目3-3 クリエール大町1階
電 0123-34-1338
営 11:00〜14:00
休 第2木曜
席 18(禁煙)
駐 3台

もり	700円
かけ	750円
冷やしたぬき	1000円
天ざる	1350円
田舎もり	900円

天ざる

思君楼《しくんろう》

恵庭市

船形の器も名物　家族で守る極太そば

　若草色の外観が住宅街にひときわ映える。当時は恵庭村だったこの地で、1920年（大正9年）に創業し、2020年で100年。3代目の今井隆一さんに代わって、そばを打つのは長男の仁さんだが、温かいつゆのだし取りは今も隆一さんが務め、母親の千恵子さん、仁さんの妻由香さんの家族で客を迎えている。

　代々、受け継がれてきた黒く、ぶ厚く、引き締まったそばは、湯練りで手早くこねて、絶妙な太さに切りそろえる。しっかり5分ほどゆでたそばは、2、3本もつまむと、そば猪口はいっぱいに。削りたての本枯れ節や荒本節などのだしを効かせ、甘口に仕上げたつゆと一緒にほお張った後は何度もかんで、そばの風味を感じたい。

　天ざるに使う船形の器も名物で、「ここのそばじゃないと、そばを食べた気がしないと」と遠方からの来店も多い。「祖父の時代のお客さんが今も来てくれるのがありがたい」と話す仁さんは気負うことなく仕事に励み、味の継承に努めている。

4代目の今井仁さん

住 恵庭市本町53
電 0123-32-3059
営 11:00～19:00（月曜は～14:00）
休 火曜
席 40（禁煙）
駐 12台

もり・かけ	各670円
冷やし五目	860円
天とじ	1070円
天ざる	1200円

石臼挽き（限定）は各170円増し

千年そば処

いずみ

千歳市

自家製ソバや野菜も買える農園のそば処

もりそばと野菜の天ぷら

観光農園「ふれあいファームいずみ」の直売所のレジで、そばを注文。手作りの食券を持って、店内に入ると、店主の岩本治子さんが食券を受け取り、娘の河野ひとみさんが調理を始めた。岩本さんは小麦やソバを作る地元の農家。「買ってくるのは、かつお節や昆布ぐらい」と言うように、栽培しているキタワセと牡丹そばは収穫後、冷蔵庫で保管して、自家製粉。外二のつなぎには全粒粉の強力粉を使い、ソバの風味と歯ごたえが楽しめるように仕上げている。

追加で頼みたい天ぷらは揚げたてではないものの、農家ならではの野菜尽くしで、この日は大豆やウドの葉などの盛り合わせ。土日祝日には十割そばもあり、そば打ちは岩本さんもメンバーの「千歳千年そばの会」の仲間が支えている。予約でそば打ち体験もでき、「外国人のお客さんはジェスチャーで教えるの」とおどける岩本さん。2001年のオープン以来の常連も多く、店内は客が持ち寄る色紙や写真でにぎやかだ。

店主の岩本治子さん（左）と娘の河野ひとみさん

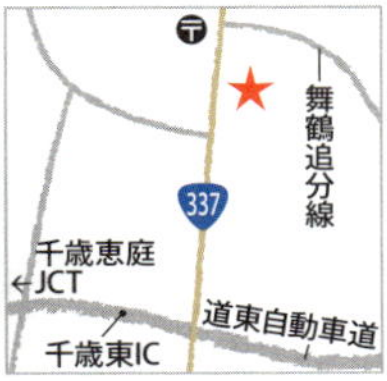

住 千歳市泉郷707-1
電 0123-29-2177
営 11:00〜17:00
休 火曜（祝日は営業）
11月下旬〜4月下旬は休業
席 50（分煙）
駐 30台

もり・かけ	各650円
しいたけそば（温）	900円
冷やしたぬき	800円
月見おかのりそば	850円
野菜の天ぷら	200円

※各税別

元祖もつそばと普通ライス

手打蕎麦

希林《きりん》

岩見沢市

名物の鶏もつそばを気軽にごまそばで

店舗の壁面に張られた「元祖鶏もつそば」の写真に誘われ、のれんをくぐる。店内は民芸品や壁のチラシがにぎやかで、メニューは圧倒的に種ものが多い。店主の鬼頭理《さとる》さんは、「2008年にオープンした時、岩見沢では冷たいそばは注文が少なかった」と振り返り、種ものを充実させてきた。その中の一つが鶏もつそば。鶏のハツやキンカン、皮などに正肉も入ったコクのあるつゆは、荒節や宗田節など、8種類をミックスしただしが決め手。別注文のライスをつゆに入れて、最後の一滴まで流し込みたい。

岩見沢での開業前は札幌市内で、出前中心のそば店を営んでいた鬼頭さんは元歯科技工士でもある。札幌の製粉所から仕入れる道産のそば粉はつなぎ三割で手打ちをし、数量限定で提供。メインは輸入のブレンド粉で製麺するごまそばで、「手打ちは硬めの田舎そばですが、自分はごまそばの方が好きですね」と鬼頭さん。セットものやご飯ものも豊富にあり、食堂感覚で使える気軽さがいい。

店主の鬼頭理さん

住 岩見沢市大和1条7丁目3-3
電 0126-25-6969
営 11:30〜14:00
休 火曜
席 28(禁煙)
駐 8台

元祖もつそば	800円
豚カレー南	870円
天そば	980円
冷やしたぬき	720円
天丼セット	1050円

鳥もつせいろ（そばは３種類から選べる）

手打ちそば
福松《ふくしょう》

岩見沢市

ボリュームたっぷり、3種の手打ちそば

ガラス越しに見えるそば打ち場にステンレス製の大きなこね鉢が置かれている。そばを打つのは、店主の増尾裕昭さん。2年ほど営業していたそば店を店名ごと引き継ぎ、2003年に店主となった。当初は道産の石臼挽きの並み粉で打つ二八だけだったが、客の要望に応じて、更科と挽きぐるみの田舎も加え、同じ料金でそばが選べる。丸型のせいろは小ぶりに見えるが、一人前はたっぷり200グラム。コシのある二八や太めの田舎、白さが際立つ更科と、毎日かなりの量のそばを打つため、こね鉢も大きいわけだ。

「どのそばにも合うように甘めと辛めの中間ぐらい」と言うつゆは3種類のだしを使う。レバーや卵管などを付け汁に加えた鳥もつせいろは、隠し味のチー油（鶏油）がつゆに深みを加えている。賄いから生まれた鳥皮せいろも人気がある。

増尾さんの下では30代の青年が後継者としてそば打ちの修業中で、「福松」の味と歴史はこの先も長く、続いていってくれそうだ。

店主の増尾裕昭さん

住 岩見沢市7条西2丁目34-3
電 0126-24-1070
営 11:30〜14:30LO、17:00〜19:30LO
休 月曜の夜の部、年始
席 24
駐 5台

もり・かけ……………各600円
鳥もつせいろ…………950円
海老天そば……………1350円
親子丼セット…………1150円
※各税別

山のたぬきのとろろそばとミニ天丼

ひる川《ひるかわ》

芦別市

自家製粉の二八そばを元選果場の建物で

初めて訪れた人は、トタン波板の倉庫のような建物にたじろぎ、「御膳料理仕出し　ひる川」の看板に戸惑うかもしれない。実際、ここは店主の浅井義信さんが手掛けていたシイタケの元選果場で、仕出しは今も本業だ。「やるからには徹底的に」と、製粉機を導入し、並み粉と田舎の中間を目指して、自家製粉。玄ソバは地元芦別産や近郊のキタワセを使い、かみ心地と喉越しの両方が楽しめるよう、やや太めの二八を打っている。

メニューには浅井さん自慢の天ぷらをはじめ、とろろや天かす、シイタケの含め煮に生卵を載せた「山のたぬきのとろろそば」などが並び、うどんまで手打ちで作る。そばに追加で頼みやすいミニ天丼やミニ豚丼などのご飯ものもあり、「仕出しが忙しいと、そばは休むので、確認してから来てくれると助かります」と浅井さん。金婚式を迎えた妻の美知子さんも調理を手伝い、2人の仲むつまじさは飾り気のない店内と手作りのメニュー表にもあふれている。

店主の浅井義信さん、美知子さん夫妻

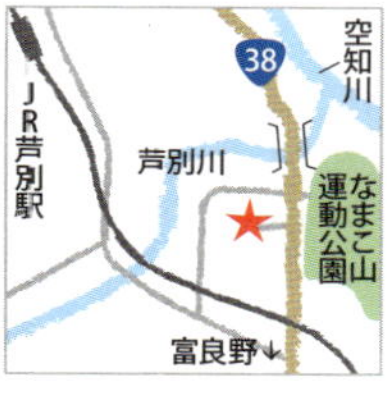

住 芦別市上芦別町11-15
電 0124-22-8799
営 11:30～16:00
休 不定休
席 22
駐 20台

もり・かけ	各680円
たぬき（温）	680円
海老天もり	1000円
山のたぬきのとろろそば	830円
ミニ天丼	580円

辛いかしわ南蛮

手打ちそば

まつき

美唄市

夫婦で修業　浦臼産牡丹そばを二八で

美唄市内の少し静かな商店街。2004年に夫婦で店を構えた荒井貴裕さん、真由さんは共に奈井江町の手打ちそばの老舗「からまつ園」出身。脱サラ後、4年間の修業を経て、真由さんの故郷での独立となった。

「師匠には及びませんが、基本の仕事に忠実に」と言う貴裕さんは、「からまつ園」から浦臼産牡丹そばの石臼挽きを仕入れ、挽きぐるみのそば粉と合わせて、種もの用の太麺とせいろ用の細麺を打つ。どちらもつなぎは二割。キリッと、引き締まった冷たいそばは喉越しもよく、だしの風味が際立つつゆはもり用の辛汁とざる用の甘口を用意している。

「そばだけでお腹いっぱいになるように」と考えた大盛りメニューやセットものはサラリーマンに好評で、自家製の食べるラー油を付け汁に入れた「辛いかしわ南蛮」や冬の鹿肉、夏はトマトを使った限定メニューも興味をそそられる。貴裕さんは調理師免許を持つ真由さんと二人三脚で、そば人生を歩んでいる。

店主の荒井貴裕さん

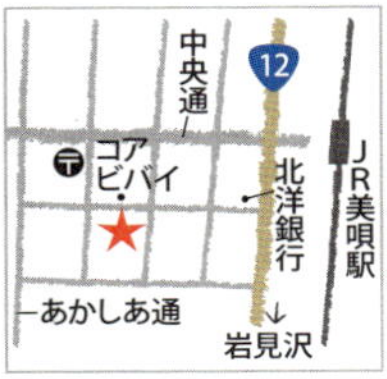

住 美唄市西2条南2丁目4-27
電 0126-64-2620
営 11:00〜15:00、17:00〜20:00
休 水曜
席 34(ランチは禁煙)
駐 商店街共有駐車場あり

もり	670円
かけ	620円
辛いかしわ南蛮	920円
肉そば	980円
天丼とそばセット	1100円

濃厚豆乳せいろ(十割)

農家のそばや

羊蹄山《ようていざん》

倶知安町

自家製粉の十割そばを山の麓の古民家で

正面に羊蹄山が迫る、築100年を過ぎた古民家は共和町から移築したもの。2001年に地元農家の青木一廣さんが自ら栽培する牡丹そばで十割そばの店を始めると、瞬くうちに人気店となった。18年4月からは真狩豆腐工房などを経営する「湧《わき》水《みず》の里」が経営を引き継ぎ、青木さんのやり方を踏襲しながら、新しい店づくりに励んでいる。

店内に製粉所と製麺室があり、玄ソバの殻むきから始める自家製粉。店長の岡本勇樹さんは、「そばは知るほどに奥が深い」と言い、前日に石臼で挽いたそば粉を羊蹄山麓の湧き水を使って手ごねしてから、製麺する。見るからにつややかで、十割とは思えないほど滑らか。すっきりとした辛汁に真狩豆腐工房の豆乳を添えた「濃厚豆乳せいろ」は最後にそば湯を注ぐと、ポタージュスープのようだった。

売店では十割そばの乾麺やそば茶などの加工品も販売。無料の湧き水を持ち帰る人も多い。食べ終えて、外に出ると、池の向こうの羊蹄山が美しく、秋や冬の再訪を誓った。

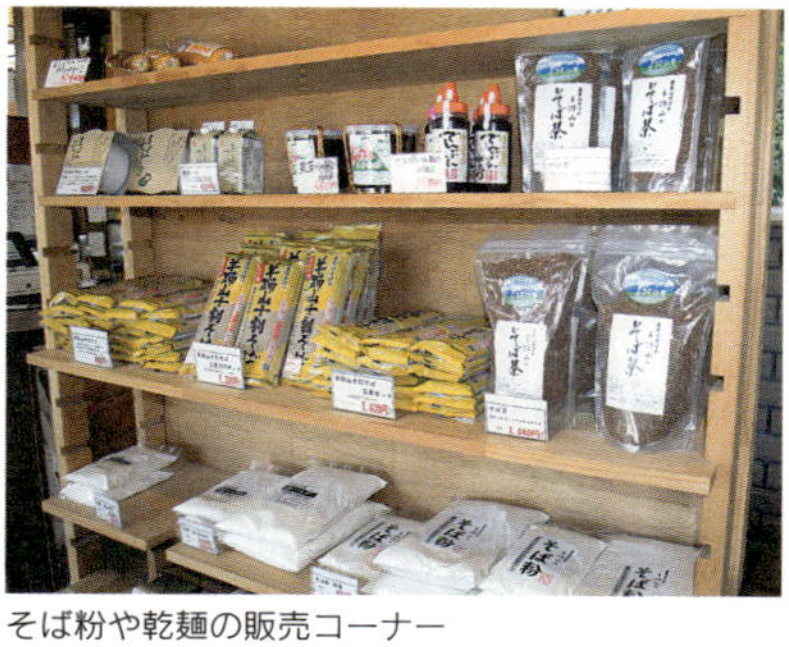
そば粉や乾麺の販売コーナー

住 倶知安町富士見463-5
電 0136-21-2308
営 11:00〜15:30
(11月〜翌3月末は〜14:30)
休 水曜(11月〜翌3月末は水・木曜)
席 57(禁煙)　駐 25台
HP http://wakimizunosato.com/yoteizan/

せいろ・かけ(十割)…各820円
濃厚豆乳せいろ(同)…1020円
山菜きのこ(二八)……1020円
エビ天おろし(十割)…1280円

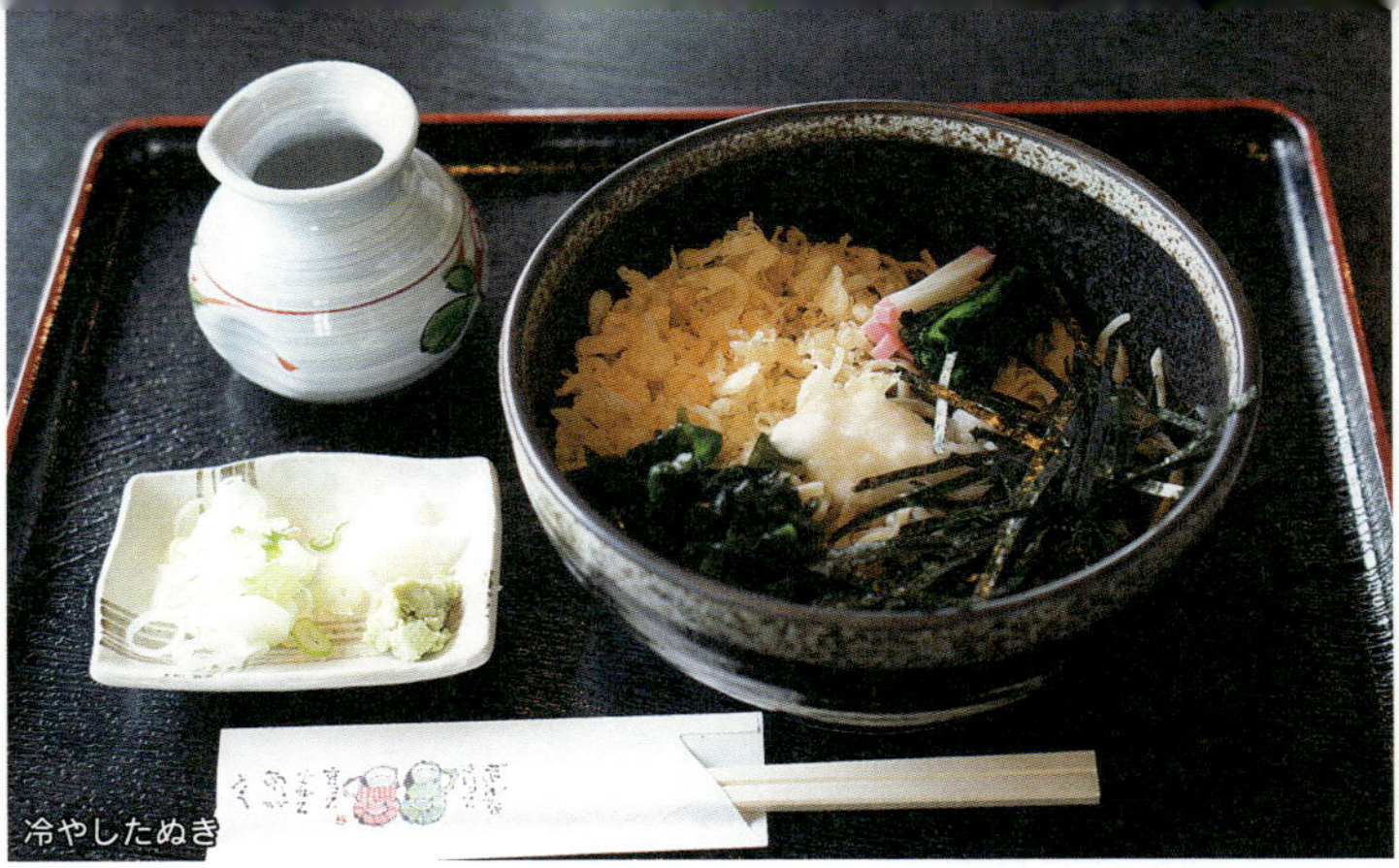
冷やしたぬき

一心庵《いっしんあん》

京極町

京極の名水が支える二八そばとつゆ

目の前には京極温泉、すぐ先にはふきだし公園を含む道の駅があり、「一心庵」に向かって右手に羊蹄山、店内の窓の外には畑が広がる。子供の頃からそば好きで、20年間の会社員時代には仲間に手打ちそばを振る舞っていた店主の山田一則さんが2007年に出会ったのがこの場所。二八で打つそばとつゆ作りには自ら汲んできた湧水を煮沸してから使っている。

ロケーションの魅力もさることながら、細切りで、キリッと引き締まったそばのファンは多く、「1人で、2枚、3枚食べる人もいるので、そばがなくなると、追い打ちすることも」と山田さん。そば粉は玄ソバの挽きぐるみと丸抜きの並み粉をミックスしたものを仕入れ、殻だけを粉砕した星実を加えるのが山田さん流。かえしは冷・温用でしょうゆを変えて、本枯れ節や宗田節、ムロアジなどの焼き節でだしをひく。名水を使っているため、つゆはすっきりとした味わいで、口の中に広がるのはそばの甘み。具だくさんの冷やしたぬきは文句なしのご馳走だった。

店主の山田一則さん

住 京極町川西76-29
電 0136-42-2658
営 11:00〜15:00
休 木曜
席 23(禁煙)
駐 7台

もり・かけ	670円
特もり(2枚)	980円
冷やしたぬき	820円
かしわそば	870円
ミニ天丼	480円

そば切り

やま田《やまだ》

白老町

「そば哲」仕込み、自家製粉の二八そば

白老豚の肉ざる

築40年は過ぎているタイル張りの平屋の民家を改装し、妻の久美子さんと手打ちそばの店を始めた店主の山田公雄さんは白老町出身。30代半ばに差し掛かった時、11年勤めた自動車学校を辞め、安平町の「そば哲」の門をたたいた。山田さんは、「雑用から始めて、2年間、自分の店が持てるまで修業させてもらいました」と振り返る。

黒松内と摩周産キタワセの丸抜きを仕入れて、自家製粉するそば粉はつなぎ二割で打ち、限定で田舎そばも用意する。つゆはもり汁が濃い口しょうゆ、かけ汁は白じょうゆのかえしにもり汁のかえしも加え、付け汁はこの2つを合わせる。「基本的には修業先と同じ」と山田さんは言うが、しょうゆやだしの種類を変えることで、独自の味に仕上がったようだ。

白老豚やシイタケなど、地元の素材にも目を向け、付けそばに天ぷらを添えるのは「そば哲」流。誠実にそばと向き合う公雄さんは2013年の開店から着実にファンを増やし、「いずれは、玄ソバからの自家製粉を」と目標を語った。

店主の山田公雄さん

住 白老町竹浦61-48
電 0144-87-2101
営 11:00～14:30
休 木曜
席 20(禁煙)
駐 8台

もり・かけ	各670円
冷やしたぬき	930円
白老豚の肉ざる	1050円
天ざる	1450円
田舎そば(限定)	800円

そばらぼ

そば研究家が打つ洞爺湖産の二八そば

洞爺湖町

洞爺湖に浮かぶ中島が間近に見えるサイロ展望台。サイロの横の八角形の建物がそば店となったのは2017年4月から。伊達市で1年間、そば店を営業していた店主が新天地を求めて、移転してきた。店名の「らぼ」はラボラトリー、つまり研究室の意味。名刺にも「そば研究家」と書いた店主の原点は名古屋の会社員時代に営業で回った長野県のそばの味という。50歳を機に脱サラし、江戸東京そばの会で基本を学んでからはそばと向き合う毎日だ。

そばは道産小麦でつなぐ二八で、喉越しは爽やか。洞爺湖町の阿部自然農園が作る挽きぐるみのそば粉の風味で、つゆを付けなくても箸が進む。「石臼で挽いたそば粉は殻ごと挽いているとは思えないほどきめ細やかで、打った時の感触がいいですね」と店主。そばを受けるもり汁は本がえしに本枯れ節のだしのみを合わせている。

前払いのセルフサービスで、大きく取った窓の向こうは洞爺湖。店主のそばの研究を楽しみにドライブを兼ねて通いたくなる。

店主が打ち上げた二八そば

住 洞爺湖町成香3-5 サイロ展望台別館
電 050-3748-9638
営 11:30～14:30
休 水曜
席 16(禁煙)
駐 展望台駐車場

せいろ・かけ	各650円
なめこせいろ	850円
花巻	800円
二段せいろ	350円増し
更科(限定)	750円

焙煎木の実つけせいろ

香るつけ蕎麦

蕎麦花《そばな》

苫小牧市

香りとともに楽しむ独創的な付けそば

ソバの実とウイスキー樽のチップで燻煙した合鴨肉に3種類のキノコが入った付け汁を湯煎で提供する「つけせいろ」が看板メニュー。クルミやアーモンド、カシューナッツを客自身が擦り、つゆと混ぜ合わせた頃にそばが運ばれてくる「焙煎木の実つけせいろ」も珍しい。牛肉とラー油の組み合わせや牛すじを使ったそばもあるなど、全てが独創的だが、「基本のそばは大事にしながら、香りを楽しむメニューを」と言うのは常務の早川賢さん。父の故隆一さんが1975年に苫小牧で創業した「一休そば」の新業態で、オープンキッチンのカウンター席はバーのような雰囲気だ。

付け汁が程よく絡むように太めに仕上げたそばは、蘭越産のキタワセの粗挽きをつなぎ二割で自家製麺。2カ月寝かせたかえしは「一休そば」と同様で、花かつおやムロアジなどでだしをひく。どのメニューも素材が持つうま味の相乗効果が実感でき、早川さんの挑戦はそばの新境地を切り拓くものと言えるかもしれない。メニュー選びに悩んだら、親切なスタッフに尋ねてみることをお勧めする。

早川賢常務（右）とスタッフ

住 苫小牧市王子町1丁目1-16
電 0144-82-9463
営 11:00～15:00、17:30～21:00LO（月・水・木曜の夜は休み）
休 日曜
席 26（昼は禁煙）
駐 7台（アパマン横）

もりせいろ	710円
かけ	760円
蕎麦花つけせいろ	1380円
焙煎木の実つけせいろ	920円
牛のぴり辛つけそば	1120円

もり

稲嘉屋《いなきや》

室蘭市

職人気質を貫く店主のそばと和菓子

そば粉も練れば、餡も練り、天ぷらも揚げれば、曜日限定の大福は餅つきから始める店主の工暢孝《たくみのぶたか》さん。1991年の開店以来、そばと和菓子の二刀流を貫く工さんは、「職人」という言葉を何度も口にする。小5の時に「将来、店を持つ」と決め、中学卒業後から修業に入ったのが東京の老舗「伊勢屋」。和菓子の名店だが、店内ではそばや和食も扱い、その両方を習得した工さんはさらに札幌などで修業を重ね、妻の登志子さんと故郷の室蘭でのれんを揚げた。

道産の石臼挽きの並み粉をつなぎ二割で打つそばは、見るからにつややかで光沢があり、かむと、跳ね返るような弾力を感じる。つゆは東京流の辛汁で、「そば湯で割っても、味が変わらないのが職人のつゆ」と工さん。つゆを付け過ぎない程度にそばを食べ、そば湯を注いで口に含むと、その言葉の意味に納得。「職人とは作品を作る人のこと」と胸を張る工さんは長年、培った技術で客の舌を満足させ、今日も朝から、そばと和菓子作りに忙しい。

店主の工暢孝さん

住 室蘭市日の出町3丁目4-1
電 0143-43-1956
営 11:30〜17:00
(和菓子は10:00〜)
休 日曜、第4土曜
席 40
駐 8台(正面4台、裏口4台)

もり・かけ	各600円
大もり	700円
天ぷら	900円
鴨南蛮	850円
天丼(梅)	850円

鴨ももせいろ

手打ちそば処

縁《えん》

室蘭市

ボリューム満点の二八そばを鴨汁で

ＪＲ室蘭駅前の歓楽街、浜町小路にある白壁の建物。厨房の奥から、「ありがとうございました」の声が響く。声の主は、店主の本間智揮さん。定年後にそば店開業を思い立ったのは公務員だった父肇さんで、それぞれ一茶庵手打ちそば教室で基本を学び、２００１年に東室蘭で開店。３年後、現在地に移転した。

札幌の製粉所から仕入れるそば粉は佐呂間産のキタワセの並み粉で、これに蘭越産も合わせて、主に智揮さんが二八で打つ。「まだ下手くそで」と照れる智揮さんのそばは喉越しのいい細切り。

店主の本間智揮さん

つゆには室蘭や苫小牧産の昆布を使い、宗田節の甘みとのバランスを取っている。

鴨せいろや鉄板で出される鴨焼せいろに加え、鴨もも肉の付け汁のせいろは、「もも肉から出るだしがすごいんです」と智揮さん。一人前２００グラムと大盛り並みのそばも、つゆのうま味で箸が進み、いつの間にか、せいろは空っぽに。「お客さんの喜ぶ顔を見るのが仕事のやりがい」と話す智揮さんの笑顔も、この店には欠かせない隠し味だ。

住 室蘭市中央町２丁目2-16
電 0143-22-5553
営 11:30〜14:30
休 土曜
席 25
駐 4台

せいろ・かけ	各700円
鴨ももせいろ	1300円
天せいろ	1300円
鴨焼せいろ	1500円
追加せいろ	500円

天ざるそば

きのこ王国大滝本店《きのこおうこくおおたきほんてん》

伊達市

こだわりの二八そばをきのことともに

1杯100円（税別）のきのこ汁を目当てに、年間数十万人が訪れる「きのこ王国」。本店は伊達市大滝区、仁木町にも支店があり、売店も食堂のメニューも、きのこ一色。大滝に生産工場を構え、シイタケやナメコなど4種類を生産する元田英樹社長は、「味は常に進化しないと、お客様に喜ばれない」と、3年ほど前から、そばもつゆも一新した。そのこだわりは、専門店にも匹敵するほどだ。

以前は冷凍麺だったそばは粉から見直し、余市町に工場を持つそば職人が両店で年間7万食にも及ぶそばを専属で作る。

仁木店の佐藤健一主任

本店は大滝の契約農家、仁木店は幌加内産のキタワセで、二割のつなぎは道産小麦。つゆは元だれを継ぎ足しながらかえしを仕込み、昆布や宗田節のだしは各店でひいている。「そばを注文するお客さんが増えて、おいしくなったと言われます」と言うのは仁木店の主任、佐藤健一さん。食券制のセルフサービスで、そば以外のメニューも豊富だが、間違いなく、そば目当ての客も多く、気軽にそばときのこの相性の良さを楽しんでいる。

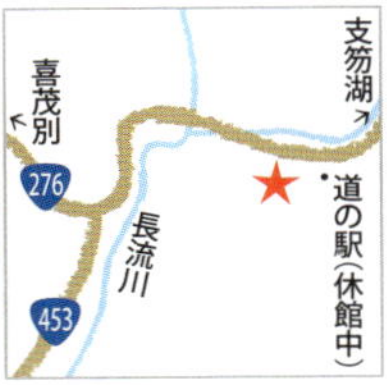

住 伊達市大滝区三階滝町637-1
電 0142-68-6270
営 9:00～18:00
休 無休
席 240（テラス席含む）
駐 200台
仁木店　仁木町大江1丁目930

ざる・かけ	各580円
きのこそば（温・冷）	各790円
天ざる	980円
山菜そば（温・冷）	880円
きのこ天丼	980円

手打そば

いずみ食堂《いずみしょくどう》

家族総出で代々守る 太くねじれた極太そば

四国がルーツの田舎そば

太く、平たく、よじれたそばは、「いずみ食堂」の顔そのもの。そのそばがほんのり甘めのつゆに絡むと、「これだ、この味」と、再会を喜びたくなる。常に仕込んでいる自家製の漬物も名物。近海のタコを使ったかき揚げや2尾のエビを衣の上に並べて揚げるボート揚げ、具だくさんのたこめしなど、どれもがここにしかない唯一の味で、週に何回、月に何回、通算何百回も食べに来ているつわもののファンも少なくない。

黄色い看板が目印

今でこそ、そば好きの間で知られる「いずみ食堂」の創業は1960年。33年に四国・徳島から北海道に渡った初代渋谷先《すすむ》さんの母親が嫁のユリ子さんに手打ちそばを伝授したことに始まる。林業で家族を養い、長女文子さん、次女久子さん、長男進一郎さんと3人の子供に恵まれたものの、先さんは運悪く事業に失敗。ユリ子さんが日高門別駅前の7席ほどの物件で食堂を始めたのが60年で、国道の移設をきっかけに74年、現在地へと移転した。

黄色い看板を目印に、日高路を走るドライバーや旅行者の口コミで広まっていった極太のそばを打つのは2代目の進一郎さんとその息

忙しく動き回る明子さんや夫の弘志さん

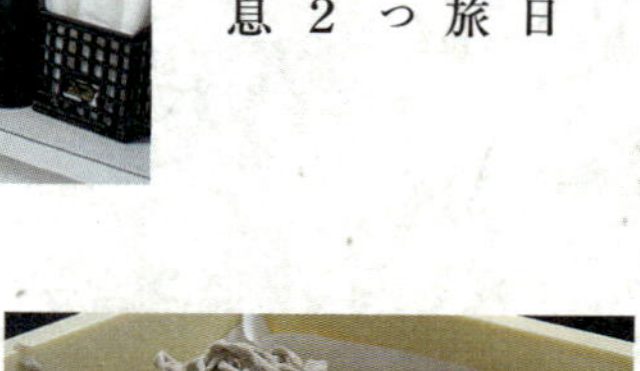
打ちたての生そば

子の亮介さん。太さや縮れ具合の不恰好さは日によって微妙に異なり、そばをゆでるベテランの女性たちは、

かもきのこ天そばと
たこめし（大）

「今日のそばはまあまあかな」と笑って、次々にそばをゆでていく。

メニューはそばだけで50種類近くあるが、よく見ると、カモ肉＋天ぷら、豚肉＋山菜＋天ぷらなど、トッピングの組み合わせが多く、「どれも、お客さんからの要望なんです」と話すのは、いずれ三代目となる久子さんの長女明子さん。今では進一郎さんに代わって、店全体を取り仕切り、夫の君成田《きみなりた》弘志さんも厨房に立つ。夏場は門別競馬場内にも出店しているため、常にフル回転の忙しさだ。

変わらぬ味を祖母から孫へ

かむほどに、ソバの甘みを感じる田舎風のそばは、十勝産の玄ソバを一年ごとに確保し、白粉（並み粉）と自家製粉の粗挽きの黒粉をブレンド。3種類の節と日高の頭昆布（根昆布）などで仕込むつゆは、現時点で久子さんだけがレシピを知っているそうで、「時代に合わせて変えることは簡単ですが、守り続けることは難しい。いずみの味を守っていくのはお客さんのためなんです」と明子さん。

2019年春には店内の改装を行った。小上がりだった席をテーブル席に変え、全体の席数を100から80に減らしたのは、「高齢化が進んでいくことは分かっていますし、震災の経験から防災も考えなければと思ったんです」と明子さん。これとて、客のことを思っての決断だったようで、これからも長く、太く、「いずみ食堂」の歴史は続いていくに違いない。

住 日高町緑町41-22
電 01456-2-5302
営 4～10月は11:00～19:45LO、11～3月は11:00～18:45LO
休 不定休
席 80（禁煙）
駐 30台

もり・かけ	各700円
かしわそば	850円
たこかき揚げ天そば	1050円
かも天そば	1350円
たこめし（大）	350円

やまべ天ざるそば

手打ち

そば太郎《そばたろう》

日高町

日勝峠の入り口の名物やまべ天そば

国道274号沿いの道の駅樹海ロード日高は地元町民も利用する飲食店や食料品店が入居する。1996年8月の開駅と同時にのれんを揚げた店主の藤江忠博さんは近くで民宿も経営し、そば店は次女の彩香さんが手伝う。そば粉は幌加内産に沼田産を三割交ぜ、つなぎは一割。「そば打ちは我流」と照れるものの、多い日には9キロものそばを打つそうだ。

色黒にゆで上がったもりそばにはつゆがたっぷりと入ったそば猪口が添えられ、薬味のわさびも盛りがいい。つゆのだしは宗田、サバ、カツオの節と日高昆布を使い、「昆布は1年寝かせると、だしの出方が良くなる」と藤江さん。名物のやまべ天そばには地元の業者から仕入れる小ぶりの1年魚を使い、藤江さん自ら採ってくる山菜が天ぷらに加わることもある。

2016年に発生した日勝峠の台風被害は復旧が進み、峠越えをするライダーたちの姿は夏の風物詩。藤江さんは、「通行止めの時も遠回りして来てくれたお客さんがいました」と目を細め、気取らない庶民のそばで客を迎えている。

店主の藤江忠博さん

住 日高町本町東1丁目298-1
電 01457-6-2788
営 11:00～19:00
休 木曜
席 27(禁煙)
駐 道の駅駐車場

もり・かけ	各600円
山菜そば	780円
やさい天そば	780円
やまべ天ざる	1300円
天丼セット	1050円

ザル（海苔付き）

そば処

真《しん》

安平町

自家製粉、兄弟で作る太めの二八そば

苫小牧から安平町へと向かう国道234号沿いに「そば」ののぼりが立ったのは2018年11月。ガラス越しに見える製粉用の機械は真新しく、石臼挽きの手打ちそばへの期待が高まる。

店主は地元出身の村上真啓《まさひろ》さん。弟の晃浩さんが製粉を担当し、母親の悦子さんが接客を手伝っている。

苫小牧市にあった自家製粉の手打ちそばの店で、約1年、そばのイロハを学んだという村上さん兄弟。「そばの味を感じてもらえる店を作りたい」と、幌加内町から玄ソバを仕入れ、二度挽きでそば粉に仕上げて、つなぎ二割で打っている。やや太めの引き締まったそばを昆布やかつおのだしを効かせたつゆにくぐらせ、もぐもぐと噛んで味わうと、ソバの甘みがにじみ出る。

「修業先で学んだことはきっちり、手を抜かないこと」と話す真啓さんは初めて挑んだそばの仕事に真摯に向き合い、挽きたて、打ちたて、ゆでたての三たてのそばの提供に励んでいる。

店主の村上真啓さん

住 安平町遠浅713-36
電 0145-22-3247
営 11:00～14:30
休 月曜
席 30
駐 10台

もり	680円
かけ	700円
ザル（海苔付き）	730円
海老天ザル	950円
海老天（温）	980円

「中島食堂」100年物語

かね中《かねなか》 中島食堂《なかじましょくどう》

創業明治43年。100年の歴史をつないだ厚真町の老舗

千歳鶴川線に建つ「中島食堂」

信州のそば職人直伝の外一

厚真町の市街地、地元ではメイン通りと呼ぶ千歳鶴川線にある「中島食堂」の創業は1910年（明治43年）。数年の休業期間はあるものの、100年は優に過ぎ、「創業明治四十三年」の文字が随所に見られる。5代目店主は2代目の孫の藤原正康さん。3代目、4代目のおいに当たり、2017年12月、54歳で老舗のそば店店主となった。

「中島食堂」は代々中島家によって、のれんが受け継がれてきた。その歴史は、農業のために札幌から移り住んだ中島勝五郎氏の息子、伊太郎が妻セイとともに旅館を始めた1906年（明治39年）にさかのぼる。藤原さんによると、当時、厚真に食堂がなかったため、信州からそば職人を呼び寄せ、セイにそば打ちやつゆ作りを伝授したことが開業に至った経緯だそうだ。

そばの基本的な作り方は今も変わらず、つなぎは外一割の湯ごね。一度に打つのは粉5キロとかなりの量で、素早く練り上げ、畳1枚ほどにのしてから12枚にたたみ、マッチ棒大に切りそろえる打ち方を藤原さんも受け継いでいる。

中島伊太郎、セイ夫妻が始めたそば店はその後、息子の幸一郎氏が2代目となり、さらにその息子の厚三氏が3代目としてのれんを引き継ぐ。藤原さんは厚三氏の姉の長男で、厚真町出

5代目店主の藤原正康さん

先代たちが使っていたそば切り包丁

海老天板もり

身。19歳から8年間、叔父の下で修業した後、食品会社に就職。厚真町を離れた。しかし、その後、厚三氏も他界。妻の京子さんが一般的な食堂として切り盛りしていたが、創業から105年を迎えた2015年秋、京子さんも体調を崩し、休業せざるを得なくなってしまった。

5代目が守る明治の味

京子さんを見舞った藤原さんは、ここで大きな決断をする。「明治から続く屋号を自分が守っていきたい」。そして、京子さんもこれを快諾。営業マンとして勤務していた会社を辞め、約1年、札幌のそば店で再修業をし、厚真に戻ってきた。

若い頃、体で覚えたそば打ちの勘はすぐに取り戻し、つゆのかえしやだしも2代目の幸一郎氏から包み隠さず、教えられていた。かえしは2週間寝かせ、だしは羅臼昆布の2年ものと利尻昆布の1年もの、さらに3種類の節を使う。5キロ玉を2回、100食分を整えるそばはハリを持ちながら、滑らかな口当たり。板盛りにしたのは藤原さんのアイデアで、杉の器に力強いそばがよく映える。

こうして歴史をつないだ藤原さんは再開の翌年9月に町を襲った胆振東部地震の試練も乗り越え、地域のため、のれんのためにそばと向き合っている。藤原さんは、「実は私の父の藤原家もそばに縁があり、こうなる運命だったのだと思います」と感慨深げに話し、次の100年に向けての構想も描きながら、毎日威勢良く、故郷で客を迎えている。

住 厚真町京町16
電 0145-29-7125
営 11:00～15:00
休 不定休
席 29
駐 5台

板もり・かけ	各600円
冷やしたぬき	650円
かしわ(温)	750円
海老天板もり	900円
とり天板もり	900円

祖母から孫へ
平取「藤」物語

生そば 藤《ふじ》

「藤」伝統の二八の平打ち

そば粉八に対し、つなぎは二割。こま板を使わずに切る不ぞろいなそばは、素朴な田舎そばとして、評判を集めていくことになる。

やがて、食堂はそば専門の「生《き》そば 藤」となり、長男は札幌（閉店）、四男は苫小牧で、同じく「藤」のの

3兄弟がのれん分け

つややかで、見た目にもハリのある二八のそばは、きしめんに近い幅広の平打ち。「息子が打つようになってから、太さが整うようになりました」と話す先代の藤原和郎さんの横で、3代目店主となった次男の謙和さんがうれしそうな顔を見せる。並盛で約200グラム。300グラムを超える大盛のざるそばは、使い込まれた丸ざるにこんもり盛られ、大盛や天ざるのそば猪口はすり鉢。「たれをジャバジャバ付けて食べるとうまいですよ」と笑う謙和さんの言葉通りに食べ進むと、甘辛のつゆがそばに絡み、箸が止まらなかった。

「藤」は戦後の1950年頃、和郎さんの母シモノさんが始めた「藤原食堂」が前身。父勘一郎さんは手広く事業を手掛けた人で、食堂はシモノさんが5男1女の子供を育てながら、切り盛りしていたという。「きょうだいは子供の頃から手伝いをさせられていたので、そば打ちも見よう見まねで覚えました」と和郎さん。

迫力ある書体の「藤」の看板

3代目店主の藤原謙和さん、美笑子さん夫妻

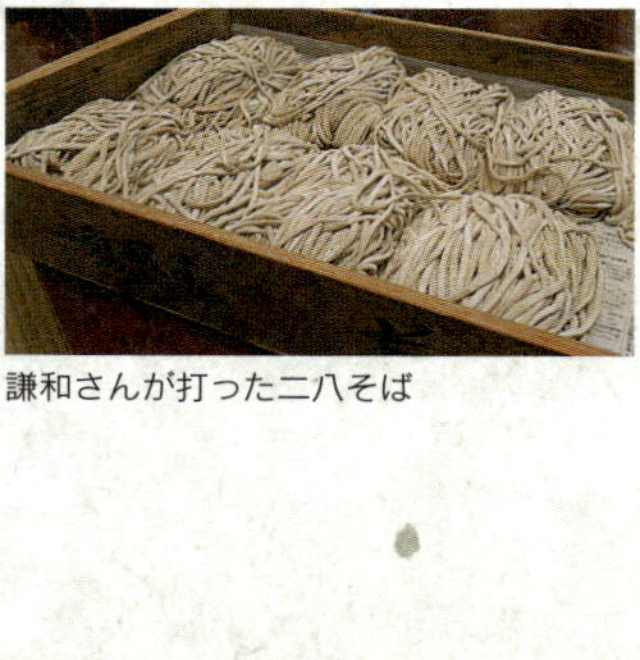
謙和さんが打った二八そば

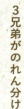

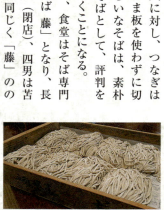

大ざる

れんを揚げた。三男の和郎さんは病院の事務職員となり、店はシモノさんと長女が切り盛りしていたが、長女の結婚を機に和郎さんは妻の栄子さんと跡を継ぐことを決意する。栄子さんは当時のことを、「日高自動車道がまだ通っていなかったから、国道を通る大型バスが乗り付けて、忙しい時代だった」と懐かしむ。

昔ながらの元ダレのつゆ

一方、謙和さんは高校卒業と同時に大手土木会社に就職。謙和さんの兄も医療関係の道に進み、「この頃は自分が継ぐとは考えていなかった」と振り返るが、3代目を決意したのは和郎さんの体調不良がきっかけだった。謙和さんは調理の専門学校に1年、札幌の和食店で約3年の経験を積んでから故郷に戻った。

そば粉は数年前から上川町のJA上川中央がブランド化している「大雪そば」に変え、全粒粉を仕入れている。つゆは、しょうゆに日高昆布や花かつおのうま味を移した元ダレをベースに温・冷用のつゆを作り上げる。かえしではなく、元ダレと言うのはシモノさんからの伝統なのだろう。和郎さんは、「作り方も材料も昔のまま。ただ、手が変われば味も変わりますし、それでこそ手打ちそば」と言い、謙和さんもそば粉を変えたり、平取特産の黒豚やトマトをメニューに取り入れるなど、少しずつ独自の味にも挑戦している。

そして、謙和さんを接客で支えるのは妻の美笑子さん。「打ち粉もそば粉だから、そば湯が濃厚なんですよ」と言われ、つゆを飲み干すと、藤原さん一家の温かさがじんわりと染み渡った。

住 平取町本町41-13
電 01457-4-6868
営 10:00～19:30LO
休 第1・3木曜
席 1階32、2階28
駐 ふれあいセンター駐車場

ざる	800円
かけ	700円
大ざる	900円
えび天ざる	1350円
ミニ天丼セット	1100円

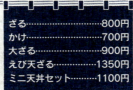

蕎麦工房

春風《はるかぜ》

新ひだか町

つゆに個性、静内地区唯一の手打ちそば

つぶ天そばと天ぷら盛り合わせ(500円)

２０１７年６月、静内の繁華街、静宝通りの入り口にオープンした静内地区唯一の手打ちそばの店。店主の木村春夫さんは１９６４年創業のクリーニング店の会長で、趣味で始めた手打ちそばは地元の飲食店に納入していたほどの腕前。ほろかない振興公社から仕入れるそば粉をつなぎ二割で打ち、細く、歯切れのいいそばに仕上げている。

メニューには地元のホエー豚を使った肉そばや十勝和田農園のゴボウの天そばなどが並び、日高の特徴を出そうと考えたのがつぶ天そば。温かいそばに灯台ツブの天ぷらを6個載せ、岩のりととろろ昆布で磯の香りに包まれる。

つゆは大樹町のそば店から教わったそうで、厚削りとどんこを2時間煮出し、砂糖とみりん、しょうゆを加えて、最低3日寝かせたものを日高昆布のだしで割っている。見た目ほど塩分は強くなく、全てのメニューに付く小さなおにぎりともよく合う。19年8月に古希を迎えた木村さんの第2の人生はそば一色に染まっている。

店主の木村春夫さん

住 新ひだか町静内本町2丁目2-8
電 0146-42-5055
営 11:00～14:00
休 月、火曜
席 22(禁煙)
駐 静宝通り駐車場(無料)

もり・かけ……………各650円
肉せいろ……………………900円
つぶ天そば…………………950円
天ざる………………………1200円
ミニおにぎりはサービス

蕎麦工房

M's style

エムズ　スタイル

函館市

カフェ風の店内で味わうそばとコーヒー

天ぷらそば

高砂通りに面した居酒屋の角を曲がった一軒家。横文字の店名にたじろぎ、カフェのような店内にも戸惑うが、メニュー表を開くと、そばのメニューは正統派。さらにページをめくると、自家焙煎のコーヒーがあったり、ソバの創作料理も興味をそそられる。「自分が作れるものを出したいと思ったから」と話すのは店主の佐藤政邦さん。親せきが営む老舗のそば店で約20年の経験を重ね、夜間の調理師学校にも通った佐藤さんの知識の豊富さにも驚かされる。

メインのそばは北竜産のキタワセに国内外のそば粉をブレンドし、つなぎ三割で製麺。つゆはみりんを多めに仕込んだかえしに本がつおと宗田節のだしを合わせる。限定で手打ちの二八そばも出し、豆乳で練るそばがきやカニ入りそば寿司、そば茶アイスなど、多彩なそば料理の提供が佐藤さんのスタイル。接客を手伝う妻の光子さんの笑顔は優しく、女性一人でもそば前を楽しめる夜の営業もありがたい。

店主の佐藤政邦さん

住 函館市梁川町22-23
電 0138-76-0636
営 11:30〜14:30LO、17:30〜21:30LO
休 日曜、第3月曜
席 20（昼は禁煙）
駐 3台

もり・かけ	各660円
天ぷらそば	1180円
ミニ親子丼セット	990円
カニ入りそば寿司	1200円
自家焙煎コーヒー	550円

そば匠

喜の家《きのや》

函館市

吟味を重ねた素材が醸すつゆの余韻

特製天ざる

黒の格子に赤い壁の三角屋根の建物は吹き抜けの天井が印象的。定年前に会社を離れ、そば打ち名人のDVDや愛好会などで研究を重ねて、2011年に開業した店主の加藤祐喜夫さんは、「やるからにはプロでなければ」と背筋を正し、自身の舌を頼りに味を極めていった。接客は妻の紀子さんが支えている。

道産の一本挽きのそば粉で打っているのはしなやかな二八そば。つゆは冷・温用でかえしやだしを変え、辛汁は3種、種ものの甘汁はさらに別のしょうゆで仕込む。だしには南茅部産の昆布や数種類の節を使い、食べ終えた後の余韻まで考慮するのが祐喜夫さんのこだわり。とことん追求するのは性分のようだ。

天ぷらメニューが豊富で、ぷりぷりのエビや30㌢近い穴子が付く特製天ざるには、梅や抹茶など3種類の塩が添えられている。エビは抹茶、野菜は梅と、塩を選ぶのも楽しく、天ぷらの人気の理由がよく分かる。ゆっくりと食べ終え、そば湯を飲んでひと息つくと、店名の「喜」の文字には食物を食して喜ぶという意味が込められていることを箸袋の説明で知った。

店主の加藤祐喜夫さん、紀子さん夫妻

住 函館市堀川町17-12
電 0138-51-8181
営 11:30〜14:30
休 水、木、日曜。1〜2月は全休
席 18(禁煙)
駐 4台

せいろ・かけ	各730円
たぬきとじ	1000円
えび天おろし	1180円
特製天ざる	2100円
えび天丼セット	1350円

もりそば

手打ちそば工房

はぎ乃《はぎの》

北斗市

元公務員農家のしなやかな外二そば

道路沿いに立つのぼりだけが頼りの農村地帯。自宅を改装し、趣味のそば打ち場と仲間との団らんスペースを設けていた店主の伍楼《ごろう》実さんが妻の茂子さんと週3日だけのそば店を始めたのは2016年のこと。元公務員で、実家は地元の農家。25年ほど前から大野そば愛好会で腕を磨き、ソバも栽培していた実さんは退職後、農業者となり、農家レストランの許可を取って、開店にこぎ着けた。

栽培しているのは、「甘みや風味がいい」という牡丹そば。収穫後は自然乾燥させて、製粉所で石臼挽きにしてもらう。そば粉十に対して、つなぎ二割の外二で打つそばはしなやかで、箸でたぐった瞬間に「いいそばですね」と声が出る。やや甘めに仕上げたというつゆは、厚削りや宗田節、煮干や昆布などのだしの風味がよく、「わさびはつゆに入れず、そばに載せて味わってください」と実さん。囲炉裏を囲むテーブル席で最後にそば湯を飲み干すと、しばらく窓の外を眺めていたくなった。

店主の伍楼実さん

住 北斗市萩野36-41
電 0138-77-7580
営 11:30～14:00
休 水～土曜
（2020年1月からは火～金曜）
席 12（禁煙）
駐 5台

もり・かけ	各650円
ざる	700円
月見そば	700円
とろろそば	800円
そば羊羹・コーヒー	350円

取材こぼれ話

▼札幌市中央区の**「だるま軒」（20P）**の一帯はかつて円山朝市でにぎわった場所。六条市場とも呼ばれ、1997年6月に閉鎖されるまで、市民の台所的存在だった。店主の髙崎雄司さんによると、当時は食堂も7軒あったそうだが、1軒、また1軒とのれんが下ろされ、マンションや駐車場へと変わっていった。「母（豊子さん）が食堂をやっていた頃は深夜でもお客さんが来ていましたし、夜勤明けのタクシーの運転手さんも多かったですね」と髙崎さん。32年生まれの豊子さんが店に立つことはなくなったが、何もかも手作りで仕込みに励む姿は豊子さんから髙崎さんへと確実に受け継がれている。

▼恵庭市の**「魚峰庵」（55P）**の店名は、店主の伊藤正美さんの趣味に由来している。海釣りが好きで、魚とてっぺんを表す峰を組み合わせた「魚峰」は魚拓用の雅号だそうだが、「今は月に1回しか休みがないので、釣りには行けなくなりましたね」と伊藤さん。それでも、じっとしていられない性分らしく、店が終わると、他の仕事にも出掛けている。元自衛官だけに年齢を感じさせない体力があるようだ。

▼千歳市の**「千年そば処 いずみ」（57P）**の店主、岩本治子さんはひ孫までいる優しいおばあちゃん。地元農家の女性たちが地域のにぎわい拠点を作ろうと、道の補助事業を活用して始めたのが「ふれあいファームいずみ」で、岩本さんは当時60歳。組合などで多忙なご主人に代わって、農作業を続けてきた岩本さんは、「今度は自分の好きなことをやらせてもらうことにしたの」と屈託がない。年齢など気にせず、何歳からでも挑戦できることを学ばせてもらった。

▼安平町の**「真」（73P）**は当初2018年9月の開業予定で準備を進めていたが、直前に発生したのが北海道胆振東部地震。店主の村上真啓さんが急いで店に行くと、備品が一部、壊れていたそうだ。さらに停電や断水も長引き、9月のオープンを断念。2カ月の延期を余儀なくされてしまったが、最初に苦労した分、上り調子で頑張ってほしいと思った。

道東・オホーツク

そば切り工房

久呂無木《くろむぎ》

帯広市

和洋折衷の旧家で挽きたての二八そばを

もりとかしわの抜きセット

玄関の円柱が特徴的な洋風の一軒家。年季の入った縄のれんをくぐり、引き戸を開けると、昭和の時代に舞い戻ったような板張りの廊下が続く。右手にはそば打ち場、左手には大テーブルを置いた洋間、メインの席は畳敷きの和室。1932年（昭和7年）秋頃に完成したとされる旧帯広町長の私邸を借りて、2013年にそば店を始めた店主の山口智枝さんは、「建物は古いけれど、メニューはオリジナルのものもどんどん取り入れています」と笑顔を見せる。

そばは二八の正統派。ホールスタッフとして入店後、独学でそば打ちを覚えた野中祐樹さんが幌加内産のソバの丸抜きを仕入れ、電動石臼で製粉してから、打っている。自家製粉だけに風味がよく、つゆは本枯れ節と2種類の宗田節、サバ節をじっくり煮出して、かえしと合わせる。二番だしを加えた温かいつゆも味わいたければ、もりそばとかしわ抜きのセットもある。「中札内若どりのから揚げも人気があるんですよ」と山口さん。古い調度品や店内の細かな造作もそば同様、味わい深く、窓から吹き込む自然の風が柔らかだった。

店主の山口智枝さんとそば担当の野中祐樹さん

住 帯広市東4条南8丁目13-1
電 0155-23-4800
営 11:00～14:30
休 水曜（祝日は営業し、翌木曜休み）、月1回20日の直前の木曜休み
席 30（禁煙）
駐 15台

もり・かけ	各700円
磯のり梅そば	1000円
とりごぼうせいろ	980円
もりとかしわの抜きセット	1050円
えび天おろし	1580円

とりごぼうせいろ

そば処

匠《たくみ》

帯広市

自家製粉、器も自前の湯どころのそば

「匠」の文字がひときわ目を引く白地ののれん。店内の各テーブルには注文用のタブレットが置かれている。行列も絶えない忙しさを支えるアイテムで、個人のそば店ではまだまだ珍しい。店主の江川正之さんは、曽祖父が1923年（大正12年）に開いた「水光園」の4代目であり、71年に開業した温泉日帰り入浴施設も経営する。旅館や料理店を手掛けた2代目、温泉を掘り当てた3代目と、何事も他に先駆ける意欲的な家系のようで、91年のそば店開業時に江川さんが道内でいち早く導入したのが電動石臼機。鹿追産の牡丹そばなどの丸抜きを仕入れ、自らが理想とする粗挽きの粉でそばを作る。卓上の小瓶に入った試食用の丸抜きが、江川さんの目指すそばの味。

　そばを受け止めるつゆはかえしとだしが主張し過ぎずに調和し、そばの甘みを引き立てる。週1回は自窯にこもり、十勝の土とソバ殻の釉薬でそば用の器も作る江川さんは、「土をこねる時、そばの練り方になってしまって」と苦笑しながら、頭の中はそばのことでいっぱいのようだ。

店主の江川正之さん

住 帯広市東10条南5丁目6
電 0155-23-0388
営 11:00～15:00
休 火曜
席 40(禁煙)
駐 20台

もり・かけ	各720円
本わさびそば	920円
とりごぼうせいろ	1120円
天もり	1120円
天丼もりそばセット	1200円

そば処

丸福《まるふく》

帯広市

100周年を迎える十勝随一の老舗

冷やしかしわ

1920年（大正9年）創業で、2020年に100周年を迎える。建て替えて、築30年ほどの店舗は先代の千葉隆雄さんによるもので、民芸調の店内はどこか懐かしさを覚える。メニューを開くと、「冷やしかしわ」に名物の印。若鶏の胸肉をつまみ、つゆに浸ったそばをすすると、酒が飲みたくなった。

初代吉川庄太郎が親せきの千葉惣介を養子に迎えて、そば店を開業した際、惣介にそば作りを仕込んだのは札幌・狸小路にあった「山福」の職人。「冷やしかしわ」は惣介が60年も前に考案したもので、つゆに鶏の脂を含ませてある。二八のそばをもっちりと、喉越しもよく仕上げているのは隆雄さんの長男で、4代目の隆一さん。祖父が残した「昨日と同じ味を出す」の言葉を胸に刻みながら、「丸福として少しでもよりよいものを」と日々の研さんを忘れない。自店で削って取る本枯れ節と宗田節のだしにしょうゆと砂糖を加えて仕込むつゆのバランスは絶妙で、「おいしかったと言われると、ホッとしますね」と隆一さん。老舗ならではの味わい深さはそばにも、店内の風情にも表れている。

4代目の千葉隆一さん

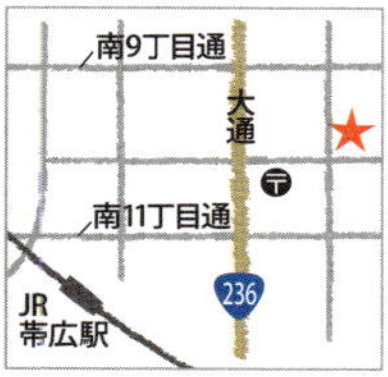

住 帯広市東1条南10丁目19
電 0155-23-5717
営 11:00〜15:00、金〜月曜は17:00〜20:00も営業
休 無休
席 60（昼は禁煙）
駐 20台

せいろ・かけ	各700円
冷やしかしわ	850円
かに天	1280円
冷やしかに天	1280円
揚げ玉ご飯	210円

冷やしごぼう天そば＆ミニ豚丼セット

お食事処

こんぴら

幕別町

工務店の社長が打つ十割そばと豚丼

パークゴルフの発祥地、幕別町。工務店の社長でもある桜井博義さんがそば店を始めたきっかけもパークゴルフ場だった。すぐそばに建つ金刀比羅神社内に自費でパークゴルフ場を造成し、食事処も作った桜井さんは偶然、教わったことがある手打ちそばに挑戦。「何度も打って、粉1俵は駄目にした」と笑うが、やがて、つなぎを使わない十割そばが評判となり、2008年12月、自宅兼店舗を新築した。調理など一切を仕切るのは工務店の事務員だった橋本佑子さん。ヘルパーの仕事と掛け持ちで、桜井さんを支えている。

そば粉は大樹町の大石農産が栽培し、商標登録もしている「十勝海霧そば」。ゴボウの天ぷらがごろごろ載った「冷やしごぼう天そば」が名物で、「大根おろしとなめ茸を入れると、おいしいですよ」と橋本さん。留寿都産の和豚もち豚を使った豚丼のコメは深川産のおぼろづきで、こちらももう一つの名物。「せっかく来てくれたのに休みでは申し訳ないから」と、1年中、働き詰めの2人だが、「おいしい」と喜ぶ客の笑顔が何よりの原動力のようだ。

店主の桜井博義さんとスタッフの橋本佑子さん

住 幕別町猿別88
電 0155-54-2683
営 11:30〜14:30
休 無休
席 21(禁煙)
駐 15台

ざる・かけ……………各750円
かしわ(温)……………800円
そば(温・冷)＆ミニ豚丼セット……………1100円
冷やしごぼう天そば＆ミニ豚丼セット………1200円

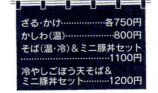

手打ち十割そば

紀山《きさん》

芽室町

自家栽培のソバとヤマベを地産地消で

ヤマベ天もりそば(ニラトッピング)

もりそばにトッピングしたのは色鮮やかなニラ。天ぷらはふんわり揚がったヤマメにゴボウやナスなどの季節の野菜。ニラの香りに負けない風味豊かなそばは2台の石臼で挽き分けた粉をブレンドし、店主の太田博樹さんが打つつなぎなしの十割。数カ月寝かせた半生がえしと三石昆布や本枯れ節で取るだしのつゆが優しく、そばを包み込む。

そば店店主でありながら、亡父が残した清水町御影の釣り堀「山女魚園」も管理し、150ヘクタールの農地でソバまで作る太田さんは元実業団のアイスホッケー選手。ニラそばは古河電工アイスホッケー部（現・栃木日光アイスバックス）の本拠地、栃木県の鹿沼市の郷土そばで、太田さんは十勝産のニラを使っている。

30歳の時、父親が急逝し、実家に戻った太田さんは、当時清水町にあった「紀山」の山田紀夫さんにそばの手ほどきを受けた。その山田さんも太田さんが芽室町に支店を出した直後に他界してしまったが、「師匠のそばと父の釣り堀を守り、地産地消で頑張りたい」と汗をぬぐい、農業、釣り堀、そばと、何足ものわらじに全力投球している。

店主の太田博樹さん

住 芽室町東2条2丁目9
電 090-1528-7561
営 11:00～14:00
休 月曜(ソバの種まき、刈り取り時期は臨時休業)
席 28(禁煙)
駐 10台(隣接敷地内)

もり・かけ	各700円
ヤマベ天もり	1300円
(ニラのトッピングは200円増し)	
ぶた南付けそば	1300円

ごぼう天セット

そば蔵

大正(笑)庵《たいしょうあん》

芽室町

大正期の古民家で味わう手打ちそば

　夏はのどかな、畑作地帯の一本道。山の麓に目をやると、白壁に黒い屋根の豪奢な建物が見える。中札内村から移築された農家の屋敷で、大正期に建てられたもの。２００２年に大手情報・通信機器メーカーを脱サラした片岸清さんによって、そば店となり、18年3月からは同じ会社の後輩だった坂本仁さんが引き継いだ。店名の（笑）は、２人がそばの教えを受けた幕別町の「百姓（笑）庵」（19年4月28日閉店）から譲り受けたものである。

　幕別産のキタワセの並み粉に若干のつなぎを入れて打つそばは見事につや良く、ゆで上がり、力強さとしなやかさを併せ持つ。薬味は長ネギと山ワサビ。つゆは本がえしに本枯れ節の厚削りなど、「全て師匠に習ったままですが、少しずつ自分の色を出していきたい」と坂本さん。地元特産のゴボウに坂本さんの実家の訓子府産玉ネギを加えたごぼう天は一つの特徴の表れで、太い梁や調度品も見応えがある古民家は長居したくなるほど、くつろげる。

にしんそばに使っている京都「やぐ羅」のにしん姿煮

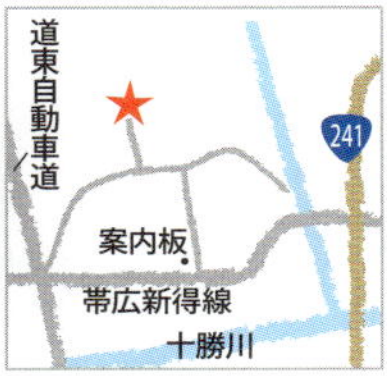

住 芽室町西士狩北5線25
電 0155-62-8833
営 11:00～14:00
休 月、火曜（祝日は営業）
席 42（禁煙）
駐 20台

もり	700円
かけ	650円
とりごぼう（温）	900円
ごぼう天セット	1000円
天ざる	1450円

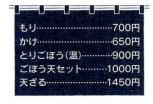

そば処

農志塾《のうしじゅく》

清水町

ログハウスで味わう牡丹そばの十割そば

ぶっかけ地鶏そば（手前の天ぷら２品はサービス）

国道38号沿いに建つ「十割そば」の看板に導かれ、ログハウスに着くと、すでに駐車場は札幌や釧路ナンバーの車で埋まっている。2005年の開店から、徐々にリピーターが訪れるようになり、手狭になった店内を一部増築。4年前から店長を務める松井義和さんは、「そばもつゆも、常に同じ味で出せるよう、気を配っています」と姿勢を正す。

そば粉は町内の福祉施設が栽培している牡丹そばがメイン。つや良く、滑らかなそばに仕上げるためには「手でこねる時の感触が大事」と松井さん。宗田やサバなど4種類をブレンドした節と昆布で取るだしにも細心の注意を払い、つゆの糖度や塩分濃度までチェックするほど。万が一、疑問に思うようなことがあれば、作り直す手間もいとわないそうだ。

ソバと同じ福祉施設が育てている地鶏のメニューが名物で、よほどの混雑時以外は野菜やキノコなどの素揚げをサービスで付けている。靴を脱いで上がる店内は木のぬくもりに包まれ、遠方からわざわざ足を運ぶ客の理由が分かる気がした。

店長の松井義和さん

住 清水町御影西2条4丁目4
電 0156-63-3565
営 11:00～15:00
休 月曜
（祝日は営業し、翌火曜休み）
席 32（禁煙）
駐 20台

もり・かけ……………各600円
ぶっかけ（納豆・オクラ）
……………………………900円
ぶっかけ地鶏そば………950円
地鶏かしわ（温）…………850円
えび天ざる………………1100円

天ぷらそば定食

そば処

せきぐち

新得町

駅前で4代続く、ソバの町の二八の老舗

JR新得駅前に建つ「せきぐち」の創業は昭和の初め。初代関口平次さん、2代目平次郎さん、3代目昭一さんを経て、現在は4代目の新治さんが妻の太得子《たえこ》さん、長男の龍弥さんとのれんを守る。創業時の店名は「松の家」、その後、「地下食堂」だった時代もあるそうだ。

そば粉は町内でソバ栽培の名人として知られる村田博氏の玄ソバを仕入れ、農協の専用施設で挽いた挽きぐるみ。つなぎは二割で、やや太めに切りそろえる。日高昆布と荒節で取るだしと合わせるかえしは「つゆの味を決める命みたいなもの」と新治さん。まろやかで、うま味の濃いしょうゆを選び、喉越しとかみ応えを兼ね備えたそばを引き立てている。

寿司や和食の修業もした新治さんはメニューにもひと工夫を凝らし、天ぷらの種類も多い。天ぷらそば定食は蓋付きの器でご飯が付き、「丼タレをかけると、天丼にもできるんですよ」と太得子さん。新得駅の立ち食いそばも経営する関口さん一家はソバの町に欠かせない存在となっている。

店主の関口新治さん

住 新得町本通北1丁目11
電 0156-64-5450
営 11:00～20:00
休 水曜
席 50
駐 新得駅駐車場

もり・かけ	各591円
大盛りざる	937円
天ざる	1182円
天ぷらそば定食	1228円

※各税別

黒豚せいろ

そば屋《そばや》

池田町

店主は釣り人　屋久島産のだしの辛汁

ワイン城へと続く帯広浦幌線沿いで見つけた「そば屋」の看板を頼りに進むと、そこは住宅街の一軒家。店主の吉田英史さん、明美さん夫妻は、「そば屋という名のそば屋だと、分かってもらえなくて」と苦笑する。

「釣りをするために選んだ仕事がそば」と言い切る英史さんは釣り場を求めて移住を繰り返し、屋久島へ越す際にそば打ちを身に付けた。そして、約5年間、現地でそば店を営業。池田町での開店は2016年12月で、そば粉は幌加内産、美瑛産、十勝産のブレンド。一割弱のつなぎで打ち、「だしはサバとカツオの枯れ節を屋久島の生産者から仕入れています」と英史さん。大工だった腕を生かし、カンナで削って、だしをひくため、かえしを効かせた辛汁はだしの風味も際立っている。

「一人前で満足できるように」と、そばの量が多い上、ご飯が付くメニューも豊富。地元阿部農場の黒豚の付けそばはご飯につゆをかけ、中札内産の生卵を溶くと、すき焼きのような味わいに。片付けが終わると、毎日釣り場に向かう英史さんは明美さんとともに人生をエンジョイしている。

店主の吉田英史さん、明美さん夫妻

住 池田町利別本町16-8
電 015-572-5088
営 11:30～14:00LO
休 水曜、第2木曜
席 20(禁煙)
駐 6台
HP https://blog.goo.ne.jp/donco103/

もり・かけ	各600円
黒豚せいろ	850円
天ぷらそば	850円
半そば(半天ぷらと半おろしぶっかけ)	850円
ミニ豚丼とそばセット	900円

味の両國《あじのりょうごく》

足寄町

煮干しだしが香る3代続く町の食堂

ざるそばセット(天丼)

足寄町の目抜き通りにそばや豚丼ののぼりが揺れる。500メートル先の利別川に架かる両国橋が店名の由来。店主の廣田晃さんの母ノブさんが1951年に始めたそば店を10人きょうだいの七男、晃さんが継ぎ、妻のサダ子さん、長男の茂さんとともに客を迎えている。弟子屈町の「両國」は晃さんの姉の店である。

信州から北海道に渡ったノブさんのそばはやや太めの二八で、10年間、東京の和食店で修業した茂さんが毎日100食、多い日は200食分を打ち上げる。完全手打ちでこの量には驚くが、晃さんは、「朝早く、起きればいいだけ」と言ってのけ、淡々と重労働をこなす。そば粉は旭川の製粉所、だしの煮干しや厚削りは小樽の問屋から仕入れ、「しょうゆはずっとキッコーマン」と晃さん。煮干しの香りと甘みが癖になるつゆはノブさんの時と変わらないそうだ。

天ぷらメニューの注文が多く、天丼や豚丼とのセットはボリュームも十分。茂さんは、「そばももちろんですが、町の食堂として存在していくことが大事」と話し、「休みが少ないのも苦にならない」と笑い飛ばした。

だしに使っている煮干し

住 足寄町北1条3丁目8
電 0156-25-3755
営 10:30頃～18:30頃(要電話確認)
休 不定休
席 58+2階60席(団体は要予約)
駐 30台

もり・かけ……………各600円
天ざる……………………1550円
ざるそばセット(天丼または豚丼)……1050円
天ぷらそばセット(同)……………………1150円

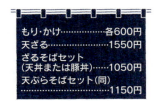

手打そば

奏《かなで》

遠軽町

非日常を楽しむ遠軽町の豪華な新店

鴨せいろ

ＪＲ遠軽駅から５００メートルほど離れた国道２４２号沿い。アプローチから凝った造りの建物は、天然木のテーブルやカウンター席など、そのデザインに目が留まる。管内有数の建設会社「渡辺組」が町内の白滝地区で栽培されているソバを生かした飲食事業に乗り出し、２０１８年12月、和食のベテラン、河合泰志さんを総料理長に据えて、開店となった。

山梨県の「長坂　翁」の大橋誠氏や「一茶庵」の片倉英統氏らとも親交を持ち、「勉強させてもらった店の真似ではなく、独自の味を」と話す河合さんは地元のキタワセに常陸秋そばやキタノマシュウを自家製粉してブレンド。つなぎを加減しながら、そばを打つ。つゆの素材も吟味を重ね、かえしには4種のしょうゆ、だしは削りたての本枯れ節や宗田節など。幌延町のサロベツ合鴨や長野県の本ワサビなど、一つ一つが上質で、「非日常的な空間で、そばを楽しんで」と河合さん。自社の畑でソバの栽培も始めたそうで、遠軽町の新たな立ち寄りスポットとして話題となっている。

総料理長の河合泰志さん

住 遠軽町大通南2丁目5
電 0158-46-7288
営 11:00～15:00
休 月曜、第2·4火曜
席 48(禁煙)
駐 27台
HP https://www.kanade.online/

せいろ	730円
かけ	760円
天せいろ	1280円
鴨せいろ	1480円
牡蠣南蛮(温)	1480円

※各税別

ひやかし(冷やしかしわ)

手打ちそば

風花亭《かざはなてい》

北見市

手打ちの二八とだしの香り高いつゆ

国道39号沿いに立つ看板は車窓からでもよく目立つ。ドアを開けると、正面に1枚の記念写真。店主の富山一成さんが約4年間修業をした「一茶庵本店」(栃木県足利市)で撮ったもので、その系譜に店名が載っている道内唯一の店である。

実家の食品関連の仕事を手伝った後、そばの道に進んだ富山さんは清水町の「目分料」(2019年9月閉店)でそばの修業を始め、「一茶庵本店」では給料の大半をそば打ちの練習に費やした。そして、02年に出身地の訓子府町で開店。13年夏に現在地に新築の店舗を建てた。

国産の石臼挽きのそば粉で毎朝打つそばはつなぎ二割の二八。11月から翌2月は十割そばも打つ。深みのある辛汁は40日間寝かせた本がえしと、だしに気を配り、「本枯れ節と宗田節は削って10分以内にだしをひいています」と胸を張る。メニュー表にも書かれているように、「ここにしかない味を探し続けています」と言う富山さん。北見ではポピュラーな「ひやかし」の若鶏の丁寧な仕込みや、隅々まで清潔な店内からも、修業先で身につけた誠実な仕事ぶりが伝わってきた。

店主の富山一成さん

住 北見市本町5丁目2-1
電 0157-33-1866
営 11:00〜15:00(14:30LO)
休 日曜
席 36(禁煙)
駐 13台

もり・かけ	各780円
ひやかし	1180円
つけ鴨	1000円
かしもり	900円
カレー南蛮	1080円

もりそば

そば処

ほん多屋《ほんだや》

佐呂間町

製粉からつゆまで店主渾身の十割そば

年季の入った縄のれんに、そばへの自信のような風格を感じる。店内も老舗の趣に包まれ、駐車場を見ると、遠方からの来店客の多さが分かる。店主の本田達夫さんが粉から作る十割の手打ちそばはそれだけ、客の心を引き付ける。

1988年12月の開業から、独学でそばを追求してきた本田さんは、「つなぎを使わず、そば粉だけでそばを作りたかった」と話す。本店は三男魁輝《かいき》さんが手伝い、長男直幸さんを店長にして98年に出店した北見市の端野支店に玄ソバの磨き機や電動石臼を設置。旭川市江丹別産の玄ソバを仕入れ、挽き方を変えた3種類のそば粉をブレンドしている。「いかにして、ソバの持つ粘りを出すか。その加減が難しい」と本田さん。

かえしと合わせる昆布とかつおのだしは和食の一番だしに似たひき方で、控えめな甘口。力強くも甘みを感じるそばをすすり、最後に釜湯のそば湯でつゆを飲み干すと、本田さんの十割そばの全てを堪能できて、満足だった。

店主の本田達夫さん

住 佐呂間町永代町104
電 01587-2-2620
営 11:00～14:30、土・日曜は～19:30
休 月曜
席 29
駐 8台
端野支店　北見市端野町2区465

もり・かけ	各680円
とろろざる	840円
冷やしかしわ	980円
海老天（温）	1200円
カツ丼	890円

※各税別

村の小さなそば屋

たまゆら

鶴居村

甘めのつゆが際立つ冷やしかしわそば

二八冷やしかしわそば

朱色のドアが目を引く「たまゆら」は平井秀朋さん、美穂子さん夫妻が2017年8月に始めたカフェのようなそば店。北見出身の秀朋さんは両親と通った「村屋」の冷やしかしわそばの味が忘れられず、農業関連団体の職員時代から、そばとつゆの研究を重ねてきた。宮崎県産の鶏胸肉を載せた冷やしかしわは甘さが際立つつゆに秀朋さんの個性が表れている。

つゆのかえしに使っているのは鹿児島産の甘口しょうゆで、濃厚な甘さとうま味は道内では珍しい。だしは道産の真昆布と静岡県焼津の本枯れ節など、徹底的に材料を吟味し、秀朋さんの理想の味が出来上がった。そばはつなぎに道産小麦を使った二八と十割の2種類。弟子屈産の摩周そばの丸抜きを電動石臼で挽いている。「二八の粉はふるいにかけず、粗挽きも加えているので、十割より二八のほうが濃い色に仕上がるんです」と秀朋さん。甘めのつゆはそば湯で割っても風味がよく、美穂子さんが焼くシフォンケーキとコーヒーも楽しめる。平井さん夫妻の温かなもてなしとともに忘れられない味となった。

店主の平井秀朋さん、美穂子さん夫妻

住 鶴居村鶴居東3丁目64-3
電 0154-64-7129
営 11:00～18:30
休 月曜(祝日は営業)
席 15(禁煙)
駐 6台
HP http://inazumamoon.xsrv.jp/

二八ざる	890円
(十割は990円)	
二八かけ	780円
(十割は980円)	
二八冷やしかしわ	1170円
二八とろろ	980円
カフェセット	550円

かまくら

釧路市

丁寧に仕上げる更科と石臼挽きの二八そば

石臼挽き(手前)と更科のもりそば

「自分の苗字を生かして、柔らかい印象の店名にしたかった」と話す店主の鎌田浩佑さんは釧路出身。高校卒業後、札幌の調理専門学校に進み、就職先は釧路にルーツを持つ「東家寿楽」だった。そこに偶然、ホール係として入社してきたのが妻となったひとみさん。約5年の修業を終えた浩佑さんは2006年8月、夫婦で新築の店舗を構えた。

そばは更科と石臼挽きの二八の2種類。更科粉は昔、そばの食べ歩きをした長野県の味にひかれ、JAながのから取り寄せている。石臼挽きは幌加内産。手ごねしてから、製麺機で仕上げ、どちらのそばにも合うよう、つゆは「分量通り、普通に作っています」と浩佑さん。この「普通に」が、浩佑さんの真面目さの表れで、ひとみさんは、「マイペースだけど、仕事には厳しい頑固者」と笑っている。

もりやえび天ざるにはおろし金と山ワサビを付け、かしわそばなどの鶏肉は若鶏のほか、釧路市民になじみのある親鶏も用意。国道から一本入った目立たない場所だが、夫婦のあうんの呼吸で客を迎え、地域の人たちにも親しまれている。

店主の鎌田浩佑さん、ひとみさん夫妻

住 釧路市鳥取大通9丁目6-2
電 0154-51-9911
営 11:00〜14:30、金・土・日曜は17:00〜19:30も営業
休 水曜不定休、月〜木曜の夜の部
席 22(禁煙)
駐 8台

もり・かけ	各650円
冷やしたぬき	650円
かしわせいろ	750円
割子そば	900円

※1人で2品注文すると、100円引き

つぶそば

弐八庵《にはちあん》

元炭鉱マンがつくる名物「つぶそば」

釧路市

目の前にパークゴルフ場が広がる釧路市郊外の住宅街に、「つぶそば」の大きな看板が見える。民芸調のレトロな店内で、「いらっしゃい」と迎える店主の新井秀二さんは、旧太平洋炭礦（現・釧路コールマイン）の元社員。30歳の時、勤務中の事故で右腕の肘から下を切断したものの、閉山となった51歳の時、ずっと思い描いていたそば店開業を決めた。そば打ちはアマチュア初段の腕前で、「片手だってなんでもできる」と新井さん。開店当初は手打ちの二八だったが、「釧路は更科の文化が根強く、受け入れてもらえなかった」と話し、製麺機での更科そばに切り替えた。そして、考案したのが「つぶそば」。

地元で水揚げされる灯台ツブを漁期にまとめて仕入れ、殻付きのまま煮含めて、その汁もつゆに入れるのが新井さんのこだわり。5種類の節と羅臼昆布のだしのつゆに灯台ツブのうま味が加わり、癖のない更科そばとも違和感なく、調和している。気さくで、豪快な新井さんの半生を聞きながら、釧路の隠れた名物を味わった。

店主の新井秀二さん

住 釧路市桜ヶ岡5丁目21-52
電 0154-92-0301
営 11:00〜18:00
休 月曜
席 24
駐 5台

もり・かけ	各600円
つぶそば・つぶせいろ	各1200円
つぶ天そば	1250円
ほたてそば・ほたてせいろ	各1200円

レストラン

摩周《ましゅう》

弟子屈町

元役場職員が打つ二八の摩周そば

とてつもなく広い駐車場を持つ圏域住民のコミュニティー施設の1階。店名はレストランだが、「そばしかないギャップが面白いでしょう」と笑う店主の和田義光さんは長く役場に勤めた元公務員。前店主が他界し、空き店舗だったところに趣味で続けていた手打ちそばの腕を見込まれ、定年を前に第二の人生を決断。「そばはともかく、つゆは勉強しなければ」と、釧路の親せきのそば店に通い、2013年3月にオープンに至った。

摩周そばのおひざ元だけに、そば粉は毎年、最上級のものを吟味して仕入れ、つなぎ二割で滑らかに打ち上げる。釧路で学んだつゆは本枯れ節や宗田節、アジ節や道東の昆布などのだしをふんだんに使い、花かつおで香りよく仕上げる。エビ天、なめこおろし、やまかけの三点セットが名物で、阿寒ポークの豚丼も自慢の一品。公務員ならすでに定年の年齢を迎えた和田さんは、「毎朝5時に来て、そばを打つのが楽しい」と目を細め、新そば時期には老人福祉施設利用者にそばを振る舞うなど、町の振興にも一役買っている。

店主の和田義光さん

住 弟子屈町摩周3丁目3-1
釧路圏摩周観光文化センター1F
電 015-482-1860
営 11:00～15:00
休 火曜、第4月曜
席 40(禁煙)
駐 文化センター駐車場共有
HP http://www.soba-mashu.com/

もり	700円
三点そばセット	1200円
かきそば(温)	1250円
天ざる	1450円
ミニ豚丼セット	1000円

手打ちそばの

両國《りょうごく》

弟子屈町

母から娘、孫娘へと3代続く手打ちそば

かしわそば

1938年（昭和13年）生まれの斉藤澄子さんが打つ平たく、太めのそばと次女の美知代さんが打つ細麺に酸味と甘みが溶け合うつゆ。どちらのそばが当たるかはその日次第だが、全国から母娘の味を求めて、旅行客も数多く訪れる。

元は澄子さんの母廣田ノブさんが51年に足寄町で始めた店が発祥で、弟子屈店の創業は65年。一時は町内に2店舗を構えるほど繁盛し、10人きょうだいの一人娘だった澄子さんは常にノブさんの元で、作り方を学んできた。そば粉は摩周産のキタワセ。つなぎ二割で湯練りする昔ながらの製法で、かえしを使わずに仕込むつゆも独特。種もので味わうと、煮干しのだしのうま味が胃の奥にまで染み渡る。このつゆを生かしたそばラーメンは賄いから生まれたものだそうだ。

「本を買って勉強したけど、母のようには打てなくて」と笑う美知代さんは3代目として澄子さんを支え、接客には時々、美知代さんの姉も加わる。女性だけでのれんを守るそば店が貴重なだけでなく、澄子さんの記憶力の良さにも感服し、そばを食べ終えても、2人との会話は尽きなかった。

店主の斉藤澄子さん（左）と次女の美知代さん

住 弟子屈町中央2丁目9-6
電 015-482-3064
営 11:00〜15:00
休 毎月2日ほか不定休
席 28
駐 6台

もり・かけ	各700円
かしわ（温）	750円
天かしとじ	1300円
天ざる	1300円
そばラーメン（正油・塩）	各650円

取材こぼれ話

▼そばを盛るせいろの形から会話が弾んだのは**「富良野　そば春」**（**108P**）の店主、春名泰太さん。四つ角を落とした八角形は珍しく、聞けば、春名さんの師匠である田中國安氏が漆器の老舗「藤《とう》八屋《はちや》」（石川県輪島市）に作らせたものだった。「八角は縁起が良く、親父さんは角落としと呼んでいました」と春名さん。田中氏といえば、東京・練馬の「田中屋」を一代で築き上げ、西東京市に移ってからも93歳まで現役を貫いた手打ちそば界のレジェンド的存在。昼間は田中氏の下で働き、夜は和食の名店「新宿割烹中嶋」でも働いた春名さんの貴重な経験を聞けるのはこの上なく、楽しかった。

▼新ひだか町静内にオープンした**「蕎麦工房　春風」**（**78P**）の店主、木村春夫さんは地元の社会福祉協議会の副会長の肩書きも持つ。本業はクリーニング店の2代目社長。多機能型事業所も運営し、障害者の就労支援にも取り組んでいる。そばに小さな三角おにぎりを付けたのも、「おにぎりを作る作業なら障害のある人でもできるかなと思って」と木村さん。昼時に客が集中するそば店の仕事は臨機応変な対応が求められるため、まだ実現には至っていないそうだが、木村さんの温かな取り組みにエールを送りたい。

▼帯広市の**「匠」**（**85P**）に隣接する日帰り温泉入浴施設「オベリベリ温泉 水光園」＝写真＝は十勝ならではのモール泉。筆者も十勝の取材の際にはたびたび利用し、長距離運転の疲れを癒している。そばの仕事もしながら、温泉の経営にも熱心な江川正之さんは常に新しいサービスの提供に努め、浴場用車椅子での入浴も実現した。銭湯料金（大人４５0円）で利用でき、「匠」でそばを食べると、割引券がもらえるので、そばと温泉をセットで楽しむことをお勧めする。

道北

ざるそば

蕎楽《きょうらく》 はらいそ

旭川市

道産や在来種のそばを濃厚な辛汁で

国道から３００メートルほど入った住宅の密集地。門柱の看板を見逃さないよう、静かに歩を進めると、原裕伸さんの自宅兼そば店にたどり着く。20代の頃から飲食畑を歩いてきた原さんは、突然独学でそば打ちを始め、２０１６年10月の開店となった。

「毎日、そばを打つのが楽しい」と声を弾ませる原さんは、道産石臼挽きの並み粉のほかに全国各地で栽培されている在来種を仕入れ、外二のつなぎで打っている。この日は栃木県の那須烏山在来種の殻も程よく交ざった田舎そばで、甘みと干し草のような香りが独特だった。

店主の原裕伸さん

本枯れ節の厚削りを贅沢に使って取るだしは、宗田節と昆布、どんこも加えて、かえしと合わせる。「常連さんに、そばよりつゆがおいしいと言われるのが複雑で」と原さんは苦笑するが、濃厚なうま味の辛汁はそばに少量だけ付けて楽しみたい。

「茨城県の常陸秋そばの新そばは色も鮮やかですし、北海道の牡丹そばも打ってみたいですね」と原さん。次回はどんなそばに出会えるか。原さんの探求心は尽きない。

住 旭川市末広東2条8丁目4-16
電 090-2690-5776
営 11:30〜14:00、日曜〜17:00
休 月曜
席 10(禁煙)
駐 なし

ざる・かけ	各750円
磯ばらのり	900円
つけとろ	950円
とろろ月見	950円
そばがき	650円

じゃずそば放哉《ほうさい》

旭川市

昼は格安そばランチ、夜は時々ライブも

季節の野菜天別添え

店内にはグランドピアノ、BGMにはジャズ。どう見ても、ライブバーの雰囲気だが、昼はそば、夜はライブがコンセプト。2009年に開店し、15年3月からは市内の女性コーラスグループが経営を引き継いだ。そばの担当はメンバーの船橋真由美さんの夫裕幸さん。長年の趣味だったそば打ちの技術を生かし、手ごね、手延べの機械切りで、更科と二八、土曜日には十割も作る。つゆは前オーナーの味を基本に長尾昌子さんが工夫を重ね、利尻昆布と乾燥シイタケ、厚さの違う2種のかつお節と宗田節で甘口に仕上げている。

場所柄、会社員の利用も多いため、ミニ丼とのセットや自家製野菜などの天ぷらを添えたもりそばも千円以下とリーズナブル。セルフサービスで、日替わりの一品料理やコーヒーまで楽しめる。

夜の営業はライブの日と宴会予約のみだが、「ライブ中もそばはお出ししますし、出演者にも振る舞っているんですよ」と長尾さん。女性客も増えているのは、メンバーが醸し出す優しいハーモニーのせいだろう。

そば担当の船橋裕幸さんとつゆ担当の長尾昌子さん

住 旭川市6条通7丁目右1号 エクセルエーワンビル 1F
電 0166-85-6911
営 11:30～14:30LO
休 日・祝日
席 40(禁煙)
駐 なし

もり	550円
かけ	580円
季節の野菜天別添え	800円
季節の野菜天ぶっかけ	800円
そばランチ(もりそば・ミニ丼)	800円

くるみだれそば

お蕎麦ば

八朔《はっさく》

旭川市

姉妹で打つ自家製粉の二八そば

細く、ハリのある二八そばを濃厚なクルミだれに絡ませ口に運ぶと、そばの甘みとクルミの香ばしさの後から、つゆの甘さが追い掛けてくる。「好みは分かれますが、私が食べたかったので」と照れるのは店主の一人、佐藤久美さん。そばの食べ歩きが好きで、そば打ちも趣味だった佐藤さんが妹の神崎里美さんを誘って、そば店を始めたのは2018年7月末。元喫茶店の店舗は靴を脱いで上がる清潔な空間に生まれ変わり、姉妹の挑戦が始まった。

そば粉は黒松内産の奈川在来種の野趣あふれる味にひかれたそうで、丸抜きを仕入れて石臼で自家製粉。2人で打ち、つゆの仕込みや厨房の仕事も手分けしてこなしている。試行を重ねたつゆは、濃い口しょうゆでもり汁、薄口しょうゆでかけ汁のかえしを作り、本枯れ節と昆布のだしにしょうゆを煮詰めた「あま」と呼ぶたれを加えるのが姉妹の好み。全品に小さなそば寿司とだし巻き卵が付くのはうれしいサービスだ。

開店から1年が過ぎ、「もっと、ちゃんとプロにならなきゃ」と話す姉妹のそばは繊細かつ丁寧。好感を抱くファンが増え始めている。

姉の佐藤久美さん（左）と妹の神崎里美さん

住 旭川市豊岡12条4丁目3-3
電 080-9340-1450
営 11:30～15:00
休 火、水曜
席 18（禁煙）
駐 4台（満車の場合は店に確認）

もり・かけ……………各700円
くるみだれそば………900円
ごぼう天そば（温）……950円
すだちそば……………1000円
天もりそば……………1300円

ざるそばセット

江丹別そば処

穂の香《ほのか》

旭川市

農協直営、ソバの産地の二八そば

国道39号を走ると目に入る「JAあさひかわ」の巨大な看板。野菜や肉、花などが並ぶ農産物直売所「あさがお」の奥に「穂の香」の入り口がある。JAあさひかわの直営で、ソバは旭川市江丹別産。農協の組合員が生産したキタワセを江丹別にある製粉所がそば粉にし、店内で製麺。同農協営農企画部農作物直売課の西村章吾さんは、「江丹別は寒暖差の大きな地区で、甘みのあるソバが育つんです」と話し、店内のそばはつなぎ二割、お土産用の生そばと江丹別の姉妹店はつなぎ三割で提供している。

ほとんどのそばのメニューがおにぎりとサラダのセットにでき、米は「ななつぼし」、サラダや天ぷらの野菜は毎朝、直売所から仕入れ、「冬はポテトサラダ、それ以外は大根をメインにラディッシュが入ることもあります」と言うのは2006年のオープン時から働く水島香織さん。19年10月からは食券制のセルフサービスになったが、安さと気軽さも相まって、昼時は混雑必至。「おいしかったから」と、手打ち用のそば粉や野菜を買って帰る人たちでにぎわっている。

右から農協の西村章吾さん、スタッフの水島香織さん、製麺担当の中村雅人さん

住 旭川市永山2条19丁目3-11
電 0166-48-7530
営 10:00〜17:00、1〜3月は〜15:00
休 5〜10月は無休、1〜4月、11〜12月は火曜休み
席 42(禁煙)　駐 80台(直売所含む)
(姉妹店)そばの里江丹別
旭川市江丹別町中央114-3

もり・かけ	各500円
ざるそばセット	700円
かき揚げそばセット	950円
ねばり昆布そば	750円
お土産そばセット(4人前)	1700円

えびと野菜の天せいろ

富良野

そば春《そばはる》

富良野市

稚内と西東京の名店の味を富良野で

　四つ角を落とした八角形のせいろに盛られたそばはつなぎ外一割の細打ちで、すっきりとしたつゆによく絡む。天ぷらに添えられた天つゆはあえてかけ汁を使い、飲み干せるほど上品な味わい。器もつゆも店主の春名泰太《やすひろ》さんが約3年間修業し、2018年に惜しまれて閉店した西東京市の名店「たなか」の店主、田中國安氏の仕事を踏襲している。

　自衛官や自動車整備士を経て、そばの道に進んだのは、父勉さんが営む稚内のそば店「はるな家」の影響だが、泰太さんは修業先での経験を生かし、独自のそばを目指す。そば粉は地元の井上農産の牡丹そばの玄ソバを仕入れて、稚内で勉さんが石臼挽きに。もり汁の仕込みは土たんぽを一定の温度で湯煎するため、電磁調理器を使う。かけ汁のだしは脂身の少ないかつお節のみ。

「修業先には本当にお世話になったので、富良野で行列のできる店を目指したい」と意気込む泰太さん。17年12月の開店から常連客もつくようになり、カウンター越しに春名さんとそば談義が楽しめるのもいい。

店主の春名泰太さん

住 富良野市日の出町11-5
電 0167-56-7096
営 11:00～15:00、18:00～20:00
休 火曜
席 16(禁煙)
駐 なし

せいろ・かけ	各750円
えび天せいろ(えび1本)	1050円
えびと野菜の天せいろ	1350円
鴨南蛮	1400円
そば春めし	300円

天ぷらそば

幌加内そば

雪月花《せつげっか》

幌加内町

ソバの町を盛り立てる茨城からの元銀行マン

幌加内交流プラザ内のそば店が約2年ぶりに復活したのは2016年7月。店主は茨城県から移住した曽根和行さん。元銀行マンの曽根さんは脱サラ後、常陸秋そばの発祥地として知られる茨城県常陸太田市で、ソバの栽培や製粉を手掛け、里山再生に取り組んでいた。「出店を考えていた時、ネットで見つけたのが幌加内町の店主募集の情報でした。日本一のソバの町で挑戦してみたいと思ったんです」。そば粉は丸抜きや殻付きの玄ソバを自家製粉。道産小麦のつなぎは二割に留めている。

道内外の観光客が大半を占める客層のため、「1人でも多くの方に幌加内のそばを味わってもらいたいので、8～10月の繁忙期は大盛りや追加の注文をご遠慮いただいているんです」と曽根さん。それでもそばがなくなれば追い打ちもし、つゆは薄口、濃口の2種類をカツオや煮干しのうま味たっぷりのだしで仕込む。「そば打ちは難しいからこそ、面白い」と言う曽根さんは閉店後にまたそばを打ち、旭川市内に開いた支店でも幌加内のそばの魅力の発信に汗を流している。

店主の曽根和行さん

住 幌加内町幌加内
幌加内交流プラザ1F
電 0165-26-7770
営 11:00～15:00
休 火曜
席 26(禁煙)
駐 交流プラザ駐車場
サンロク店　旭川市3条通5丁目634-1

ざる(薄口汁・のりなし)	800円
もり(濃口汁)	800円
おろし(ぶっかけ)	850円
かき揚げ(ぶっかけ)	900円
天ぷらそば(冷)	1500円

茸天ぷらそば

粋人館《すいじんかん》

愛別町

贅を尽くした空間で味わう愛別産十割そば

愛別町市街地の黒壁の建物に「そば」の旗が揺れる。靴を脱ぎ、壁画に圧倒されながら階段を上ると、モダンという言葉では収まりきらない上質な空間が広がる。代表の矢部福二郎さんは地元でソバやキビを育てる農家の3代目で元町長。隣接する1922年（大正11年）築の旧上西邸解体の話を耳にした矢部さんは、銀座や京都、金沢で6軒の飲食店や器の店を経営する長男慎太郎さんに相談を持ち掛け、愛別産のソバとキノコを生かした料理店の開業が現実となった。新築の本館に続く旧上西邸は希望すれば、見学できる。

昼はそばやご飯ものがあり、夜は一品料理や会席コースが加わる。料理長は京都で修業を積んだ塩谷直也さん。そばは注文を受けてから水回しをし、製麺機で仕上げる。「お時間はいただきますが、打ちたて、ゆでたての十割そばは香りがいいでしょう」と矢部さん。慎太郎さんがあつらえた江戸時代のそば猪口なども惜しげなく使い、つゆはまろやかな京仕立て。非日常の贅沢な時間は、矢部さん一家の郷土愛に支えられている。

代表の矢部福二郎さんと妻の眞美江さん（旧上西邸にて）

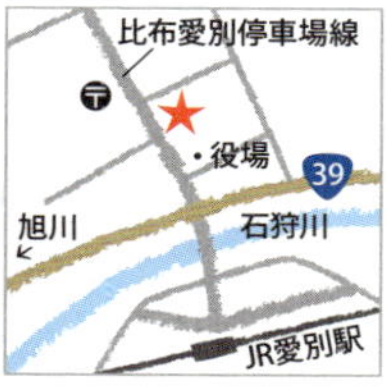

住 愛別町本町174
電 01658-6-5077
営 11:30～14:00、17:00～21:00
休 水曜
席 46(禁煙、喫煙室あり)
駐 20台
HP http://suijinkan.me/

ざる・かけ	各750円
茸天ぷら(温・冷)	各950円
海老天ぷら(温・冷)	各1300円
きのこ天ぷら丼	650円
会席コース(要予約)	3800円～

※各税別

峠そば《とうげそば》

和寒町

峠で味わう和寒産そば粉の二八そば

きのこ天そば

比布町と和寒町を結ぶ国道40号の塩狩峠の途中で必ず目に入るのが「峠そば」。店主の山口裕子さんが、「地元のソバを生かした店を」と2007年に立ち上げた。以前は父親が始めたキノコの生産も手掛けていたが、そば一本に絞ってからも、客の目当てはきのこ天そばやきのこ汁。そば粉は農協に依頼して和寒町産の一等級のものだけを仕入れ、つなぎは二割。水回しからのしまでは手作業で、最後に製麺機を使っているが、女性の仕事としては重労働。それでも、山口さんは笑顔を絶やさず、調理に接客にと汗を流している。

「添加物を使わない安心・安全な食材を」と、つゆのかえしには丸大豆しょうゆやきび糖、だしには3種の節に昆布や煮干しを選んだ。もり汁はもちろんだが、かけ汁はさらにうま味が感じられ、夏でも種ものの注文が多い。どのメニューにも自家製漬け物やサラダなどの副菜が付くのは、「トレーにすき間を作りたくないから」と笑う山口さん。水やそば湯、コーヒーはセルフサービスで、売店ではキノコやそば粉なども販売。峠の休み処としても重宝されている。

店主の山口裕子さん

住 和寒町朝日200
電 0165-32-3001
営 11:00〜18:30
休 木曜
席 36(分煙)
駐 15台

もり・かけ	各720円
きのこそば	890円
きのこ天そば	990円
天丼セット	1100円
きのこ汁(小)	150円

そば&カフェ

からくれ

小平町

自家製粉の二八そばを日本海の景色とともに

日本海を眺めながら、そばをすすり、コーヒーも楽しめる。そんな店は北海道広しといえども、小平町の「からくれ」ぐらいだろう。店内のどこに座っても、見えるのは砂浜と海。地元役場を56歳で退職し、2015年に趣味だった手打ちそばの店を始めた金野俊之さんは、「予約をもらえれば、夕陽が沈む時間にそばを提供することもできますよ」と笑いかける。

そば粉は町内の生産者から玄ソバを直接仕入れ、石抜きや磨きから始める自家製粉。つなぎ二割で、湯練りするのは一番粉まで使う粉の特性を生かしてのこと。程よい弾力とハリのあるそばは温かいつゆにも負けないほど力強くも繊細で、本がえしに合わせるだしは、静岡県焼津市から取り寄せる本枯れ節と宗田節、サバ節を同量で使っている。

そばは毎日30食分ほどを用意し、そばが終わっても、東京の菓子店で経験を積んだ次女の渡辺光さんが作るスイーツでのんびり過ごすこともできる。そんな時間を「からくれる」と名付けた金野さん親子。深煎りのコーヒーもそばの食後にぴったりだった。

店主の金野俊之さんと次女の渡辺光さん

住 小平町小平町116-1
電 0164-56-1188
営 11:30～18:30(月～金のみ、そばは～15:00)
月～金曜は前日までの予約で17:30～19:30もそばを提供(10人まで)
休 月曜(祝日は営業、翌火曜休)
席 16(禁煙)　駐 20台

もり・かけ	各800円
とろろそば	900円
鴨汁そば・鴨南蛮	各1300円
コーヒー	450円
そばクッキー	300円

駅そば・立ち食いそば

旅の途中に立ち寄りたい駅そばや地元に愛される街中の立ち食いそば
早さと安さだけではない魅力を持った北海道の駅そば・立ち食いそばをご紹介！

弁菜亭《べんさいてい》 札幌駅立売商会《さっぽろえきたちうりしょうかい》

郷愁漂う札幌駅のホームの名物

天ぷらそば

JR札幌駅5・6番ホームと7・8番ホームにある立ち食いそば。発車まで5分もあれば、一杯のかけそばを流し込み、列車に乗ることもできる。菜箸でひょいっとそばをすくい上げ、湯通しして丼に放り込み、つゆを掛ければ出来上がり。甘めのつゆが胃袋を温め、つゆを飲み干すと、ふうっと息が漏れるのは満足感の表れだろう。

札幌駅ホームの立ち食いそばは、1899年（明治32年）創業の札幌駅立売商会（会社設立は1943年）が函館―旭川間の特急列車が運転を開始した61年に提供を始めた。当時はかけそば1杯40円。1番から10番まで全てのホームに立ち食いそばがあった時代を経て、今は「弁菜亭」の2カ所のみになった。札幌駅立売商会営業所長の菅野一幸さんは、「ダイヤが改正されるたびに停車時間が短くなり、利用客も少なくなっていますが、それでも1日100杯を下回る日はないですね。立ち食いと言えども、おいしくなければ、お客さんは離れていきますから」と話し、味の改良も重ねてきた。麺は小樽の老舗製麺所、つゆは札幌のたれメーカーに製造を依頼し、駅弁工場で作るきつね（油揚げ）や天かすは手作りにこだわっている。

列車が走っている以上、年末年始も休みはなく、スタッフは4交代制で、立ちっぱなしの仕事をこなす。時間帯によっては「休憩中」の札が掛かることもあるのは大目に見るとして、札幌の鉄路の玄関口で味わう立ち食いそばはいつまでもホームの名物であってほしいものだ。

- かけそば・うどん 各330円
- きつねそば・うどん 各410円
- 天ぷらそば・うどん 各490円

住 札幌市北区北6条西4丁目
JR札幌駅5・6番、7・8番ホーム
電 なし　営 6:50～20:00
休 なし　駐 なし

そば処
はまなす
オフィス街の食堂的な立ち食いそば

看板にBENTOSSとあるように、持ち帰り専門の弁当店を経営するアイチフーズの直営店。券売機で食券を買い、店内の奥に進んで食券を渡すと、ものの数分で出来上がる。「食券を買うと、厨房に伝票が出てくるので、すぐに作り始められるんです」と言うのは2008年のオープン時から働く店長の安部眞澄さん。そばは細めで喉越しよく、つゆには昆布や粉がつおのだしを効かせている。名物はシジミのむき身の天そば。カレーや丼もの、セットメニューもあり、そば湯はポットでサービス。立って食べる食堂という印象だ。

しじみ天そばとサービスのそば湯

入り口の券売機

- ●かけ（並盛り）330円　●ざる（並盛り）380円
- ●しじみ天そば 440円
- ●カレー丼セット（温）560円

住 札幌市中央区大通西3丁目 北洋ビルB2F
電 011-200-6868　営 8:00～19:15（土・日・祝日は10:30～18:00）　休 年末年始　駐 なし
HP https://bentoss.co.jp/hamanasu/sapporo/

Café de MAX《かふぇどまっくす》
地下鉄改札口の立ち食いそばカフェ

地下鉄南北線真駒内方面ホームから東豊線へと向かう途中の改札口手前。札幌市交通局が募集した駅ナカショップの第1号で、カフェとして2012年にオープンしてから、メニューに加えたそばとうどんが評判を集めるようになった。

19年4月には札幌市清田区平岡に本店がある手打ちそば「さくら」の協力で、つゆの味を見直した。甘みとうま味を感じるつゆは後味もよく、天ぷらや月見、冷やしたぬきや卵かけご飯など、立ち食いの店としてはメニュー数も豊富。時間に追われるサラリーマンや学校帰りの中高生、時には外国人観光客の利用も見られ、地下鉄利用者に重宝されている。

天ぷら
月見そば

- ●かけそば（冷・温）各370円
- ●天ぷら月見そば 520円
- ●コーヒー 240円（そば・うどんを注文すると100円）

住 札幌市中央区大通西3丁目 地下鉄大通駅B2F　電 なし
営 8:00～22:30、土曜9:00～22:30、日・祝9:00～22:00
休 年末年始　駐 なし

立ち食い
ひのでそば
地下鉄大通駅に漂うつゆの香り

札幌市民には言わずと知れた立ち食いそば店。地下鉄大通駅南改札口に近づくと、ぷーんと、しょうゆのいいにおいが漂ってくる。通行人に背を向け、そばやうどんをすする客は営業時間中、途切れることはなく、三角巾にエプロン姿の〃おねえさん〃たちが見事な連携プレーで、次々と注文をこなしていく。地下鉄南北線が開業し、さっぽろ地下街がオープンした1971年から変わらない風景だ。

開店は毎朝7時。店舗から続く階段下のバックヤードに調理場があり、味の決め手となるつゆ作りは重要な仕事。大量に使う水は昔から地下水だそうで、「立ち食いそばは香りでお客さんを呼び込みますから、毎日、一斗缶のしょうゆでかえしを仕込み、2種類のかつお節でだしを取っています」と店長の中村正樹さん。つゆをたっぷり吸ったかき揚げは立ち食いそばならではのご馳走だ。

かけそば1杯290円は、道内の立ち食いそば店の中ではかなりの安値。安さの理由の一つは、ビルを所有する日之出商事（本社・札幌市）の経営だからで、本業は13年（大正2年）創業の菓子・食品問屋。毎年、社員の福利厚生として、2泊3日の研修旅行を行い、立ち食いそばのスタッフもこの旅行を楽しみにしている。元日の定休日以外、休みはこの3日間だけ。あの場所でつゆの香りがしないと、物足りなく感じるが、まもなく半世紀を迎える「ひのでそば」は、あのおねえさんたちの笑顔に支えられている。

壁の料金表

天玉そば

連携プレーでそばを作る女性たち

- かけそば・うどん 各290円
- 天ぷらそば・うどん 各390円
- 天玉そば・うどん 各440円

住 札幌市中央区南1条西4丁目 日之出ビルB2F
電 011-221-7201（事務所）
営 7:00～21:30
休 1月1日、社員研修日　駐 なし

松そば《まつそば》

紅いかき揚げが名物の室蘭の朝の顔

紅生姜のかき揚げを載せたかけそばとおにぎり

午前6時半に掛けられる白いのれんが開店の合図。「もう少し、早く開けられればいいんですが、これが精いっぱいで」と頭を下げる松岸卓弥さん、ひろ子さん夫妻は深夜2時に起床し、隣町の伊達市から通ってくる。早朝からの営業は、「室蘭は3交代で働く人が多い町。朝は出勤前のお客さんと退社して家に帰る前に寄ってくれる人が多いんです」と卓弥さん。朝の「松そば」は常連客でごった返す。

16歳から調理の道に進み、主に札幌のホテルで和洋中全てを学んだ卓弥さんは立ち食いそばにも手を抜かない。そばとうどんの麺は登別の望月製麺の特注品。カウンターに並ぶ天ぷらやいなり寿司、注文後に握るおにぎりの具も既製品は使わず、つゆのだしには室蘭産のヤヤン昆布と厚削りのかつお節をたっぷり使う。紅生姜のかき揚げがいつしか名物となり、午前10時までの生卵のサービスも早朝の客にはすでにおなじみ。常連客とも気さくに会話をする松岸さん夫妻だが、調理の手が止まることはなかった。

- かけそば・うどん 各320円
- 天ぷら（紅生姜・野菜ごぼうなど） 各100円
- いなり寿司 1個80円

住 室蘭市中央町1丁目 北拓第1ビル1F
電 0143-24-8080
営 6:30〜15:00（日・祝日〜14:00）
休 1月1日〜4日
席 椅子席あり　駐 なし

店主の松岸卓弥さんと妻のひろ子さん

にしや（西谷弁当店）

にしや（にしやべんとうてん）

地元客に愛される手作りの味

観光情報センターとバスターミナルが併設されたJR静内駅の待合室。1952年に駅のホームで立ち食いそばと駅弁の販売を始めた「西谷弁当店」の経営で、そばは創業以来、自家製麺。早朝から天ぷらやおにぎりも手作りする2代目社長の西谷幸夫さんは、「飽きない味が長く続いている理由かな」と目を細める。ホームから待合室に移ってからは近隣のOLたちもランチにそばを食べに来る。中太のそばにちょっぴり甘めのつゆ。親子2代の常連客もいる「にしや」のそばは静内の人たちのソウルフードになっているようだ。

かけそば

- かけそば・うどん 各380円
- 岩のりそば・うどん 各440円
- えび天そば・うどん 各530円

※駅弁は要予約

住 新ひだか町静内本町5 JR静内駅
電 なし　営 7:00〜17:00
休 火曜、第1･3水曜　駐 駅駐車場

Pad Village

ぱっどゔぃれっじ

オール深川産のそばとクレープ

道の駅「ライスランドふかがわ」の入り口に建つしゃれたデザインの建物は、立ち食いそばとクレープの専門店。市内の藤谷果樹園の4代目、田川大輔さんが2016年から経営に乗り出した。そばは、深川市多度志《たどし》地区で栽培されている玄ソバを収穫時に確保し、地元の小麦粉をつなぎに使ったそば粉六割の冷凍麺を開発。うどんも深川産の小麦「きたほなみ」に「ゆめちから」をブレンドしたコシのある冷凍麺で、つゆはそばにもうどんにも合うすっきりとした味わい。果樹園で採れたリンゴはペースト状に加工してクレープの具にするなど、田川さんは徹底的に地産地消にこだわっている。

かしわそば

- かけそば・うどん 各480円
- かしわそば・うどん 各550円
- りんごのクレープ 560円

住 深川市音江町広里59-7
電 090-6999-6386
営 10:00〜18:00（11月〜３月末は〜16:00、4月は〜18:00）
休 第1･3木曜（11月〜３月末は毎週木曜）　駐 道の駅駐車場

留萌駅立喰そば《るもいえきたちぐいそば》

待合室で味わう名物にしんそば

ＪＲ留萌本線の終着駅、留萌駅の待合室。そば・うどんののれんが下がる立ち食いそばの店は毎朝7時にシャッターが開く。「朝6時から準備するんだけど、開店を待っている常連さんもいるんですよ」と言うのは週6日、店番をする吉本鈴子さん。そばとうどんは地元の老舗製麺所の特注品。つゆの味は濃いめながら透明感があり、かつおだしがしっかりと感じられる。留萌ならではのメニューはニシンの甘露煮が載ったにしんそば。予約限定の駅弁「にしんおやこ」は全国の旅人から注文が入る。列車の乗降客の利用はまばらだが、地元客には欠かせない存在だ。

にしんそば

- かけそば・うどん 各350円
- 天ぷらそば・うどん 各430円
- にしんそば・うどん 各600円
- にしんおやこ（要予約） 900円

住 留萌市船場町2 JR留萌駅
電 090-7644-3774（駅弁予約専用）
営 7:00～14:30　休 なし　駐 駅駐車場

そば処 きたむら

農場直営、ソバ畑の中の手打ちそば

幌加内市街地から車で約20分。ソバの花が咲き誇る約1カ月半だけの営業で、目の前にはソバ畑が広がる。食の安全や環境保全に取り組む農場に与えられるＪＧＡＰ認証のソバ畑は全国的にも希少で、敷地内にはそば道具が並ぶプレハブの博物館と「幌加内北村蕎麦神社」が立つ。町内随一の作付面積を誇る北村そば農場が設置したもので、そばは自社のそば粉を農場の社員が打つ二八そば。コンテナを改造した席もあるが、屋外のテーブルでも味わえる。メニューはもりとぶっかけのみ。「何度行っても、食べられなかった」と言う人もいる期間限定のそば店はソバの開花時期に訪れたい。

期間限定の「きたむら」

- もりそば 600円
- 冷ぶっかけそば 700円
- 大盛り 各200円増し

住 幌加内町政和第三
電 なし
営 7月中旬～8月末の11:00～14:00
休 期間中、不定休　駐 あり

立喰そば　天勇《てんゆう》

旭川市民に愛されるげそ丼とそば

旭川の歓楽街の北のはずれ。赤いテントには「立喰天ぷらそば」と書かれているが、ここを「天勇」と呼ぶ人もいる。看板メニューはイカゲソの天ぷらをご飯に載せ、甘じょっぱいタレを掛けた「げそ丼」。「天勇」は店主の村田和之さんの父一男さんが経営していた居酒屋の店名で、立ち食いそばは1960年代に一男さんの親せきが始めた「小もろそば」が前身である。

「げそ丼」は一男さんが78年にオープンさせた寿司居酒屋「ニュー天勇」から生まれたメニューで、「お寿司に使うイカのゲソが余るので、天ぷらにしたのが始まりです。それを岩見沢の親せきの『小もろそば』に教えたら、岩見沢の方が有名になってしまって」と笑うのは和之さんの妻和江さん。岩見沢の「小もろそば」が2014年2月に閉店してしまった今、元祖げそ丼発祥の店として残っているのが、この旭川の店。19年9月には隣接のビルに移転し、広く清潔な店に生まれ変わったが、名物の「げそ丼」は健在だ。

立ち食いそばの営業を支える女性たちはこの道20年、30年のベテラン揃い。ガス台には常に寸胴鍋が並び、しょっぱめのつゆを仕込んでいる。イカゲソは長さを揃え、一つ一つに切り込みを入れる細かい作業を欠かさない。「国産のイカしか使わないのがうちのこだわり」と和江さん。開店当時からの常連客や1日に2回、来店するようなファンもいる「天勇」のそばとげそ丼は一度食べると癖になる手作りの魅力にあふれている。

げそ丼セット

- かけそば·うどん 各320円
- 天ぷらそば·うどん 各320円
- げそ天そば·うどん 各520円
- げそ丼セット 620円
- トッピング 各50円

住 旭川市5条通7丁目1187-7
電 0166-23-6736
営 9:30〜22:00、日曜〜16:00
休 正月のみ　駐 なし

お食事処

ふじ田《ふじた》

家族で守る日本最北端の立ち食いそば

ＪＲ稚内駅と道の駅、バスターミナルや土産物店が集まる「キタカラ」の「ふじ田」は立ち食いそばコーナーもある食事処。立って食べても、店内で食べても料金は同じで、ラーメンやチャーハンなども注文できる。名物の「利尻昆布そば」は昆布やかつお節のだしにとろろ昆布のうま味ととろみが加わり、「ご飯を一口入れて、お茶漬けにするとおいしいんですよ」と店主夫人。予約をすると、カニつめ弁当やたこ飯などの駅弁を受け取ることができる。日本最北端の立ち食いそばは店主の藤田英機さんが家族で守る手作りの味だった。

利尻
昆布そば

- かけそば・うどん 各480円
- かき揚げそば・うどん 各530円
- 利尻昆布そば・うどん 各580円

住 稚内市中央3丁目6-1 キタカラ内
電 0162-22-9702
営 10:00～18:00
休 不定休　駐 道の駅駐車場

いっぷく家《いっぷくや》

雄武名産のダッタンそばとコロッケ

飛行船をかたどった展望台のデザインがユニークな道の駅「おうむ」。売店を併設した「いっぷく家」では、町内で生産されているダッタンソバが食べられる。ダッタンソバはポリフェノールの一種であるルチンを豊富に含み、新品種の「満天きらり」はダッタンソバ特有の苦味も少ない。もちっとした食感で、ほんのり黄色みを帯びているのが特徴だ。つゆは、うどんにも合うようなすっきりとした味付けで、ダッタンソバ粉を練り込んだコロッケもあり、「おそばを目当てに来てくれるお客さんが増えてきました」とスタッフ。売店ではダッタンソバの乾麺やそば茶なども販売している。

ダッタンそばとダッタンそばコロッケ

- ダッタンそば（冷・温） 各650円
- ダッタンそば（コロッケ付き） 750円
- 月見ダッタンそば 700円
- コロッケ（ダッタンそば） 1個150円

住 雄武町雄武1885-14 道の駅おうむ
電 090-7514-4642
営 9:30～17:00　休 11月～翌３月　駐 道の駅駐車場

立ち食いそば せきぐち

立ち食いで味わえる手打ちそば

駅前のそば処「せきぐち」の経営。そばは新得産のキタワセに輸入粉を交ぜ、つなぎを四割加えているが、全国的にも少数派の手打ちそばの立ち食いそば店。店主の関口新治さんと長男の龍弥さんが打ったそばは下ゆでしてから駅に運び、駅では次男の惇史さんが調理している。

創業は新治さんの父昭一さんがホームで始めた１９５３年。一度閉店したが、石勝線が開通した81年に再開した。ホーム側からでも買えるが、特急列車は停車時間も短く、利用者はほとんどない。それでも新治さんはソバの産地の玄関口としての気概を持って、手打ちの立ち食いそばを出し続けている。

かけそば

- かけそば 380円
- 天ぷら・月見・かしわ・山菜そば 各440円

住 新得町本通北1丁目53 JR新得駅
電 01566-4-5450(そば処せきぐち)
営 10:00〜16:30
休 第1・3水曜　駐 駅駐車場

たち食い処 結 ＹＵＩ《ゆい》

オーガニックなそばと「ゴチメシ」

「たち食い処」と言っても席があり、入り口には「ゴチメシ」と書かれた看板。「ゴチメシ」とは、利用客が見知らぬ次の客のために代金を寄付するシステムで、看板に表示があれば、そのメニューをご馳走になれるというもの。店主の本間辰郎さんは、「旅の若者や学生さんに十勝の食材の魅力を発信するきっかけにしたかった」と、２０１３年３月の開店当時を振り返る。そばとうどんは市内の保刈製麺の生麺で、自然食品の店で扱うだしの素のつゆで仕上げる。音更産の卵「米艶」は午前10時まで無料でサービス。十勝を愛する本間さんは店を構える広小路商店街の活性化にも熱心だ。

月見そば

店主の本間辰郎さん

- かけそば・うどん 各500円
- 月見そば・うどん 各600円
- 卵かけごはん 350円

住 帯広市西1条南9丁目2　電 070-5668-3389
営 7:00〜10:00、11:30〜14:00、18:00〜22:00
休 水曜　席 6　駐 なし

取材こぼれ話

▼新得町の「せきぐち」（91P・122P）の店主、関口新治さん、太得子さん夫妻はお見合い結婚。太得子さんは芽室町から嫁いできたそうで、2人の名前の漢字を見て、思わず、「あっ」と声が出た。新治さんの新と太得子さんの得で、「新得」。結婚式のスピーチでも話題にされたそうで、これ以上の縁はないだろうと思った。天ぷらそば定食に付く煮物などの一品料理は太得子さんの担当で、「おいしいですね」と伝えると、新治さんは「妻が喜びます」と目じりを下げた。

▼芽室町の「紀山」（88P）の店主、太田博樹さんが最初にそば店を開いたのは、自らが経営する釣り堀「山女魚園」（清水町御影）。東京ドーム5個分の広大な釣り堀は1972年に父雄二郎さんが始めたもので、まもなく半世紀の歴史を数える。ところが、取材に訪れた2019年は釣り堀もそば店も休業中。16年8月に一帯を襲った台風の河川復旧工事が今なお続き、釣り堀の営業は断念せざるを得ない状況だった。それでも太田さんは父親が築いた釣り堀を守り、いつかまた、水と緑豊かな環境での再開を願っている。

▼愛別町の「粋人館」（110P）の豪華さには度肝を抜かれた。開店のきっかけとなった木造住宅は、米穀雑貨商やみそ糀製造業で財を成した上西弥助氏の屋敷で、宮大工が手掛けた和室の意匠や日本庭園も見事だった。解体直前の建物を救ったのは店主の矢部福二郎さんの長男慎太郎さん。銀座の高級クラブのママとして生きながら、器や絵画にも造詣が深く、政財界や芸能界にも顔が広い。ヨーロッパのアンティークと和食器の部屋＝写真＝など、随所に展示されている慎太郎さんのコレクションは目を見張るばかりだった。

そば店で見つけたお土産いろいろ

そば店を訪れると、オリジナルのそばの加工品を時折、見かける。ソバの産地の道の駅でもそば粉や乾麺などが販売されていて、お土産や自宅用に買ってくることもあった。筆者が取材の中で出合ったお土産品の一部を紹介しよう。

「五割　牡丹蕎麦」（石狩市・そば舎）

石狩市内の畑で栽培している牡丹そばを五割使った乾麺。ソバを作るご主人の竹内吉明さんと店を守る美恵子さん夫妻のイラストが描かれたパッケージには、「私達が丹精を込めて作ったそばを使っています」のコピーが書かれている。200g 入り 400 円。

「満天きらり使用　韃靼《だったん》そば」（雄武町・道の駅おうむ）

雄武町の農業生産法人「神門」が栽培しているダッタンソバの満天きらりと道産小麦のゆめちからで作られた乾麺。黄褐色を帯びた特有の色にゆで上がり、ポリフェノールの一種ルチンが普通そばより多く含まれているのが特徴。200g 入り 270 円。

「純正そば粉　江丹別」（旭川市・穂の香）

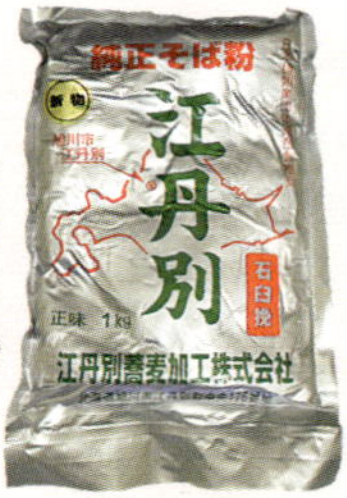

ＪＡあさひかわの農産物直売所「あさがお」では隣接の「穂の香」でも使用しているそば粉が購入できる。旭川市江丹別の江丹別蕎麦加工の製造で、石臼挽のほか、1 番粉、2 番粉、3 番粉があり、自宅でそばを打ったり、そば湯を作って飲むのもお勧め。石臼挽 1kg1512 円、1 〜 3 番粉 1kg1188 円。

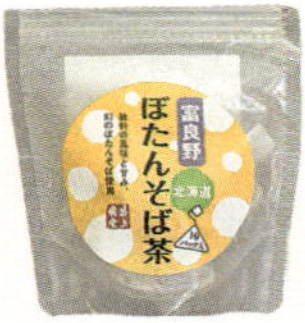

「富良野　ぼたんそば茶」（富良野市・そば春）

「そば春」が使っているそば粉は地元の井上農産が栽培する牡丹そば。ソバらしい風味や甘みのある品種で、この味を手軽に楽しめるのがティーバックのそば茶。10 パック入り 500 円、300g 入りのお徳用サイズは 950 円で販売している。

「そばの実フレーク」（深川市・道の駅ライスランドふかがわ）

深川市の道の駅の売店には管内で製造されているソバ関連の製品が並ぶ。その中で、筆者が気に入ったのは「そばの実フレーク」。コーンフレーク感覚で牛乳に混ぜたり、サラダやチャーハンに加えるのも便利。ソバの栄養がたっぷり含まれている。80g 入り 290 円。

北海道のそば祭り

ソバは北海道の秋の味覚のひとつ。地域によって差はあるが、８月下旬から９月、10月にかけてがその年のソバの収穫期で、いわゆる「新そば」を祝う祭りが各地で開かれている。収穫したばかりのソバを挽きたて、打ちたて、ゆでたてで味わえる道内の主なそば祭りの情報を集めてみた。

●札幌ガレット祭り（札幌市東区）　7月中旬
そば粉を溶いて薄く焼いたフランス料理のガレットやそばを楽しむ。
（問）北海道ダッタンソバ生産者協議会　TEL 011-621-8958

●JA 摩周湖農業祭　たぶん日本で一番早いそば祭り（弟子屈町）　8月下旬
（問）ＪＡ摩周湖 管理課　TEL 015-482-2104

●日本ダッタン新そば祭り（札幌市東区）　8月下旬～9月上旬
（問）北海道ダッタンソバ生産者協議会　TEL 011-621-8958

●幌加内町新そば祭り（幌加内町）　8月下旬～9月上旬の土・日曜
（問）同そば祭り実行委員会　TEL 0165-26-7505（平日のみ）

●しんとく新そば祭り（新得町）　9月最終日曜
（問）同新そば祭り実行委員会　TEL 0156-64-0522

●浦臼ぼたんそば　新そば収穫祭（浦臼町）　9月最終土・日曜
（問）浦臼町産業振興課商工観光係　TEL 0125-68-2114

●千軒《せんげん》新そばまつり（福島町）　9月下旬
（問）福島町観光協会　TEL 0139-47-3004

●とうま新米・新そばまつり（当麻町）　10月上旬
（問）当麻町農業振興課　TEL 0166-84-2123

●鹿追そばまつり（鹿追町）　10月上旬
（問）鹿追町観光協会　TEL 0156-66-1135（観光インフォメーション）

※開催日や会場などはその都度、お問い合わせください。

そば店・食べ歩き帖

「北海道おいしいそばの店」「続・北海道おいしいそばの店」ではこれまで200軒以上のそば店を紹介してきました。これらのガイドブックを参考にしていただいて、おそばの食べ歩き、食べ比べをしてみてはいかがでしょうか？このページは実際に食べた店を記録する備忘録としてご利用ください。

日付	店の名前	場所	感　想	星
				★★★
				★★★
				★★★
				★★★
				★★★
				★★★
				★★★
				★★★
				★★★
				★★★

日付	店の名前	場所	感　想	星
				★★★
				★★★
				★★★
				★★★
				★★★
				★★★
				★★★
				★★★
				★★★
				★★★
				★★★
				★★★
				★★★

日付	店の名前	場所	感　想	星
				★★★
				★★★
				★★★
				★★★
				★★★
				★★★
				★★★
				★★★
				★★★
				★★★
				★★★
				★★★
				★★★

日付	店の名前	場所	感　想	星
				★★★
				★★★
				★★★
				★★★
				★★★
				★★★
				★★★
				★★★
				★★★
				★★★
				★★★
				★★★
				★★★

北海道新聞社の本

北海道
おいしい
そばの店
梅村敦子
そばの食べ歩きに
必読の一冊！
一度は食べてみたい
あの名店から
そば好きが通う
地元の老舗、新店まで
北海道の個性豊かな店を
エリア別に紹介。
店主のこだわりを
つるつるっと召し上がれ。
北海道新聞社

北海道おいしいそばの店
梅村 敦子 著
A5判　オールカラー　136ページ
本体1500円＋税
北海道新聞社から好評発売中

本書で使用した ソバ用語・そば言葉

本書で使用している主な用語解説です。複数の解釈を持つ用語もありますが、一般的に使用されている意味を紹介しています。関連のある用語順で並べたため、五十音順ではありません。なお、本書では畑から収穫された農作物（植物）の「ソバ」とそば粉や料理の「そば」を使い分けています。

■ソバとそば粉の用語

ソバ　タデ科ソバ属に分類される植物。食用部分は殻（果皮）、甘皮（種皮）、胚乳部、子葉部（胚芽）で構成されている

ダッタンそば　タデ普通ソバとは別の植物。ルチンの含有量が豊富で特有の苦みを持つが、道内では比較的苦みの少ない新品種「満天きらり」が栽培されている

玄ソバ（げんそば）　殻が付いた状態のソバの実

石臼挽き（いしうすびき）　石と石の間にソバの実を落とし、すり合わせることで粉にすること。手で回す手挽きと電動石臼の機械挽きがある

丸抜き（まるぬき）　玄ソバの殻をむいた状態の実。抜き実、抜きともいう

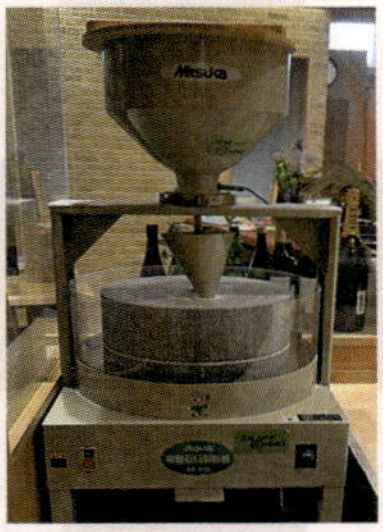

石臼挽き（遠軽・奏）

甘皮（あまかわ）　ソバの実の胚乳部を包む薄い膜。新ソバの時期は緑色をしている。タンパク質を豊富に含み、風味が強い

挽きぐるみ（ひきぐるみ）　玄ソバを殻付きのまま挽き、ふるいで殻を取り除いたそば粉。丸抜きを全て挽き込んだそば粉を指す場合もある

並み粉（なみこ）　手打ちそばに使われる一般的なそば粉。丸抜きを挽いたものだが、製粉所によって、挽き方や篩《ふる》いの目の大きさが違うため、統一基準はない

更科粉（さらしなこ）　ソバの実の中心の胚乳部だけを粉にしたもので、少量しか取れない希少な粉。御膳粉《ごぜんこ》ともいう。この粉で打ったそばを「更科そば」という

更科そば（札幌市中央区・花蕎）

打ち粉（うちこ）　そば粉をこねて、延ばす際、生地がくっつかないようにするために振る粉。一番粉（ソバを挽いた時に最初に出てくる粉）や専用の粉が使われる

キタワセ　ソバの品種名で、正式名称はキタワセソバ。食味が良く、北海道の生産者の約9割がこの品種を栽培している

キタワセ（幌加内町）

牡丹そば　キタワセソバが開発される1989年まで主流だったソバの品種名。風味が良いことで知られる

奈川在来種　長野県松本市奈川地区固有の品種で、正式名称はナガワ。北海道では黒松内町の生産者が栽培している

摩周そば　主にJA摩周湖の生産者が栽培しているキタワセソバと新品種キタノマシュウの総称

■そば（作り方）の用語

生粉打ち（きこうち） つなぎを使わずにそば粉だけで打ったそば。十割そばともいう

二八そば（にはちそば） そば粉八に対し、つなぎの小麦粉が二の割合で打ったそば。そば粉800グラムの場合は、つなぎが200グラムとなる。つなぎ一割のそばは九一《くいち》と呼ぶ

外一（といち・そといち） そば粉とつなぎが十対一の割合で打ったそば。そば粉1キロに対し、つなぎが100グラムとなる

つなぎ そば粉をこねる際に加えられる材料。そば粉をつながりやすくするためで、主に小麦粉が用いられ、とろろや卵、大豆の搾り汁を使う郷土そばもある

手打ち（てうち） こね、のし、切りの工程を全て手作業で行うそばの打ち方

水回し（みずまわし） 木鉢にそば粉やつなぎを入れ、粉全体に水分を含ませてこねる（練る）作業。水ごねと、熱湯でこねる湯ごねがある

水回し

こま板 打ったそばを切る時、そばの幅をそろえるために使う定規の役目を果たす道具

■つゆの用語

かえし 煮かえしの略。つゆのベースとなるもので、基本の材料はしょうゆ、みりん、砂糖。本がえしや生がえしなどの製法がある

本がえし（ほんがえし） 加熱したしょうゆに砂糖、みりんを加えて、煮溶かす製法

生がえし（なまがえし） 砂糖やみりんを加熱して水あめ状にし、生のしょうゆに加える製法

半生がえし（はんなまがえし） 砂糖を煮溶かす分だけしょうゆを使い、残りのしょうゆは加熱せずに合わせる製法

もり汁（もりじる・もりづゆ） 冷たいそばを食べるためのつゆ。辛汁（からじる）ともいう

かけ汁（かけじる・かけづゆ） 温かいそばのつゆ。甘汁（あまじる）ともいう

荒節（あらぶし） カツオを切り、煮る（煮熟《しゃじゅく》）、いぶす（焙乾《ばいかん》）、寝かせる（あん蒸《じょう》）などの工程から作られるかつお節で、製法からくる名称。「本がつお（節）」は荒節を指すことが多い

枯れ節（かれぶし） 荒節の表面を削り、天日干しなどによって乾燥させてから、2回以上、カビ付けしたかつお節を「枯れ節」といい、このカビ付けを3～4回以上行ったものを「本枯れ節」という。かつお節の製法からくる名称

枯れ節（池田・そば屋）

宗田節（そうだぶし） ソウダガツオで作られる節。西日本ではメジカ節と呼ばれる

サバ節（さばぶし） 主にゴマサバから作られる節

雑節（ざつぶし） 宗田節やサバ節など、かつお節以外の節の総称

■メニューなどの用語

せいろ 冷たいそばを盛る木製の四角い器。そばをせいろで蒸して提供していた時代の名残で、現在はメニュー名として使われることが多い

せいろ（富良野・そば春）

そば猪口（そばちょく・そばちょこ） 冷たいそばを食べるためのつゆを入れる器

鴨なんばん（かもなんばん） 漢字表記は鴨南蛮。「鴨なん」と略して呼ぶこともある。具に鴨肉と長ネギを入れたそばで、なんばんは長ネギのこと。鴨肉は合鴨が使われることが多い

種もの（たねもの） もりそば、かけそば以外のメニューで、具が加わるもの。天ぷらそばや卵とじなど、主に温かいメニューを指す

抜き（ぬき） 温かいそば（種もの）からそばを抜いた具と汁だけの料理。天抜き、かしわ抜きなど

種もの（石狩・そば舎）

そばがき そば粉を水で溶いて、鍋で加熱しながら練り上げた料理。そば粉と熱湯をお椀の中で練り上げる椀がきもある

変わりそば（かわりそば） ゴマやユズ、抹茶などを、主に更科粉に混ぜて打ったそば

そば寿司（そばずし） ご飯の代わりにそばを使った巻き寿司

そば寿司（函館・エムズスタイル）

そば湯（そばゆ） そばをゆでた釜のゆで湯。そば粉を水で溶いて、温めて出す店もある

湯桶（ゆとう） そば湯を入れる容器。木製や陶器がある

湯桶とそば湯（北見・風花亭）

そば前（そばまえ） そば店で提供するお酒のこと。酒の肴を含めて使う場合もある

■その他の用語

一茶庵手打そば教室（いっさあんてうちそばきょうしつ） そば店「一茶庵」の創業者、片倉康雄氏が1973年に開校した「日本そば大学」が前身の手打ちそば教室。99年からは横浜市に教室を構え、そば店開業を目指す人の受講を受け付けている

江戸東京そばの会（えどとうきょうそばのかい） 東京都葛飾区東立石にある手打ちそば教室。一日体験コースやインストラクターコース、そば店開業を指導するプロコースなどがある

【参考文献】
『そば・うどん百味百題』柴田書店
『プロに学ぶそばの自家製粉&自家製麺』旭屋出版
『蕎麦手帳』太野祺郎著、東京書籍
『高橋邦弘名人直伝　蕎麦打ち道場』高橋邦弘監修、明治書院
『かつお節とその仲間たち』一般社団法人日本鰹節協会
『ご当地「駅そば」劇場』鈴木弘毅著、交通新聞社
『蕎麦屋の系図』岩崎信也著、光文社知恵の森文庫

おわりに

「そば店の店主は話し好きが多い」（笑）

「北海道おいしいそばの店」で100軒、第二弾の「続・北海道おいしいそばの店」で104軒のそば店を取材した筆者の印象です。そば粉と水だけで麺になるシンプルな料理だからこそ、つゆやメニューの工夫に励み、そば粉やだしに頭を悩ませ、「さらにおいしいそばを」と試行を重ねる店主はついつい話も長くなってしかり。なかには、4時間も話し込んでしまった店もありました。

第一弾では手打ちそばの店を中心にご紹介しましたが、本書では工程の一部に製麺機を使っている店も取り上げています。製麺機を使うことで、たくさんのそばを用意することができるので、実は道内のそば店の多くが製麺機を使う自家製麺の店です。そして、本書では手ごね・手延べ・手切りの店を「手打ち」、それ以外は「自家製麺」と表現しています。皆さんの口に合うのはどんなそばですか？　食べ比べを楽しんでいただければと思います。

また、老舗の「物語」を書きたくて、代々続くそば店の歴史を綴りました。東京など本州の店の歴史にはかないませんが、100年続く老舗や名店には知られざる物語がありました。少し長い文章ですが、お時間のある時に目を通していただければ幸いです。

「続・北海道おいしいそばの店」は道内の新そばが出そろう2019年11月の発行となりましたが、消費税率8％の時に取材を行ったため、最後の校正で確認をし、10月以降の新料金で紹介しています。各店、値上げ幅はまちまちですが、そば粉やだしの素材、のりや天ぷらのエビなど、そば店で扱う材料は軒並み高騰しているため、皆さん、苦渋の値上げだったようです。料金の表示も、内税と外税が混在しています。今回は料金を据え置き、状況を見ながら価格改正を考えている店もありますので、その点はご了承いただければと思います。

そして、第一弾の時のように、「なぜ、あの店は載っていないの？」というお声もあるかと思います。高齢のため、夫婦だけでやっているので…。さまざまな理由から掲載を断られてしまった店もあり、皆さんにご紹介できなかったことを残念に思います。

それにしても、ここ3年ほど、随分そばを食べました。もりそば、天ざる、鴨せいろにニシンそば…。二八に十割、更科や極太の田舎そば…。どこも、おいしいそばでした。取材にご協力いただいた店主の皆様、本当にありがとうございました。第一弾に続き、編集作業を支えてくださった北海道新聞社出版センターの五十嵐裕揮さんとは出版の記念におそばを食べに行きたいと思います。

2019年11月　梅村　敦子

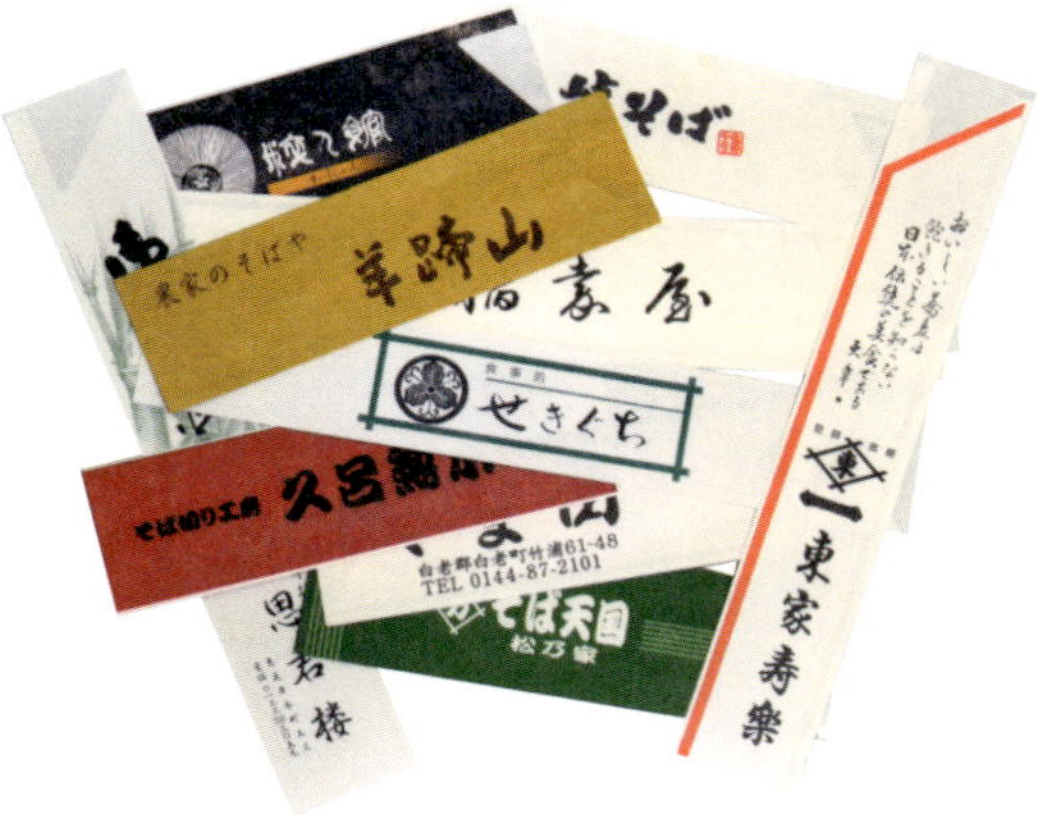

文・写真　梅村 敦子（うめむら あつこ）

札幌市出身。静修短期大学（現札幌国際大学）教養学部卒。1986年から札幌市内の編集・制作プロダクション（有）ラッコにて新聞・雑誌・各種パンフレット等の制作に携わり、2009年にフリーランスのライターとして独立。取材範囲は飲食店、農業、医療、各種企業と幅広い。著書に「さっぽろ味漫遊」「さっぽろ味の探訪101」「御朱印帳とめぐる北海道の神社70」「北海道おいしいそばの店」（すべて北海道新聞社刊）。

ブックデザイン　（株）アイ・エヌ・ジー　山内 健司
デザイン協力　吉田 晴香

続・北海道おいしいそばの店

発行日　2019年11月30日　初版第一刷発行

著　者　梅村 敦子
発行者　五十嵐 正剛
発行所　北海道新聞社
〒060-8711 札幌市中央区大通西3丁目6
出版センター　（編集）011－210－5742
（営業）011－210－5744

印刷・製本　山藤三陽印刷株式会社

落丁・乱丁本は出版センター（営業）にご連絡ください。お取り換えいたします。
ISBN978－4－89453－965－5